銹劍集

朱嘯秋 著

目次：

隨筆

附錄

前言

這本書，從書名看，就知道是舊作品的彙集；舊作品會有歷史的反省，也會激發新意識。

民國七十三年七月，在香港由丁伯駪先生介紹，認識了美國洛杉磯中文版《國際日報》的董事長陳韜先生。相談之下，原來是福州同鄉。《國際日報》在港，剛成立一個分社，不做業務，祇編輯報紙的部分版面。當時祇有七、八位工作人員。每日編輯大陸和港、澳、台的新聞兩版；打字，貼版之後，於下午四、五點鐘傳真洛杉磯總社，在總社印刷，次日早晨和總社及其他分社的版面一起出版，因為時差關係，正好是當天的，一共十六大張。

那天中午，陳董請吃午餐，他要我到他那兒幫忙。人家說：「三分親，強別人」，因為是鄉親，我答應試試看。臨別，我說：「明天早上來」。他才告訴我，你是這個辦事處的主任。

第二天上班之後，慢慢的發現，他是一位非常細心的人，從怎麼拿剪刀，用漿糊，到計算行間距離，都非常仔細的教我，以後大概覺得我可以勝任，第三天一早，他告訴我，他要到總社去了，香港分社要我多照顧。

香港用的人，以後慢慢的增加了，打字機和所有應用的器材，很捨得花錢。高雄、台北和總社的工作，逐漸轉移到香港，報紙每日編輯達十三大張。我每天要先看小樣和大樣，還要和兩個助編，編輯兩大版和兩半版的四個副刊。

到了七十七年中，陳董到港，要我每週為報紙寫一篇千字左右的社論，以台、港、澳、大陸問題為範圍，因為社論要經過社論委員會議通過，所以要提前一天傳真洛城審查，留洛城打字上第一版，出版後的報紙，並沒寄香港，我的社論沒留底稿，我託朋友代為剪寄，可是一直到我離開報社兩年多，才接到我寫的八十幾篇社論，我沒時間細讀，直到最近要編這本書，先全部把它發去打字，到校對了，才發現很多內容很生疏，因為當初寫好的時候，祇粗看一遍，不可能熟記，有的語彙都生疏，只好一次，兩次，三次的剔除，留下三分之一。

我自己知道，文章不是好文章，但是論點應該還正確的。中共過去的作風，和

「六四」之後，改變了不少，這是可喜的。像趙紫陽死了，這個總書記，是為反專制而被犧牲、被屈死的，其結果，正如我們所為他設想的，他替中共挺過一個劫運，渡過一個難關。今天雖沒有為他平反，將來，等那些該死的人都伸腿了，他也就翻身了。中共會在歷史上給他安排位置的。

至於台灣的社會問題、政治情況，是越來越等而下之，今天，某人，把中國國民黨給搞得一塌糊塗，他不承認自己無能，說是故意把國民黨拖垮，要讓它毀掉，他要另外搞一個台灣。現在不再提什麼四小龍之幾了，今天，要拼豪宅、拼購買力，鬥闊綽、鬥巧取、鬥豪奪，拼賭毒，搞得社會燒殺、淫亂，大賊小盜多如牛毛，大騙小騙無所不在，使老百姓心神耗弱，憂鬱煩燥，工作無心，治家無力，還能談什麼社會進步，安居樂業!?有人當了十二年總統不搞台獨，現在退休了，才在那裡胡搞，你說公道嗎？

本書最後的附錄，實在是拖了一條可笑的尾巴，但是，這是給可敬的朋友，一點敬意、懷念和感恩，尤其幾位已故去的好友，他們往生時，我都不在台灣，是很遺憾的。至於過去我編的那些刊物好壞，實在和十幾年前，就已經不能相比，和今天的出版物更是天壤之別，今天的可是進步太多了！看了都覺得慚愧。

中華民國九十四年三月

論評

論評

一、國共兩黨應善用文藝善待文人

中國國民黨和中國共產黨似乎都很重視文藝。既然重視文藝，應該也重視作家。可是，事實上，非也！兩岸對文藝或作家的態度，手段不同，目的則一，文藝要為政治服務，文藝也要為黨服務。

國民黨對「五四運動」很忌諱，因而對「五四」這個日子不大順眼。可是，既已定了五四為文藝節，如今又不好改，所以向例只強調文藝的重要性，而淡化「五四運動」的真正意義，因為怕過份強調「五四運動」會有副作用。何況中共又太抬高了這一天，處處總表示五四運動是和他們有關的。既是和中共有關，國民黨當然要「彼貴之，我賤之」，故示藐視。

作家是一種很奇特的動物，尤其是中國的作家，自古以來似乎都表現出超塵脫俗、置身物外的姿態。究其實，真正脫俗的不多，多數還是比別人「多一根筋」的凡夫俗子，不但脫不了紅塵，反而經常因為「好名」、「重情」、「自以為是」，而上了人家的當，被人利用了而不自知，而自鳴得意。近幾十年來，兩岸的作家，就有不少在國共黨爭裡搖旗吶喊，抬人家的轎子，結果，人家去了，他卻在人家的跟前坍了；人家打敗仗，逃難了，現在安逸了，就睬也不睬你了。可是，統治者應該了解，對這些作家，捏緊了，會叫；鬆了，會跳，只能不輕不重的捂著。

國民黨從前對文藝沒有政策，現在還是沒有政策，也沒有經費，就算有，那只是給黨棍們自己花的，給咬得住他們的人花的。國民黨對作家敬而遠之，只管收成，不管播種。所以台灣作家雖多，尤其女作家特多，完全是「個體戶」。從前的作家們，因為有一種「敵愾同仇」、「國破家亡」的意識，促使他們帶著飯盒子救國，有一種使命感。現在情況變了，尤其年輕的一代，根本沒有這種意識。年老的一代，一方面是恨鐵不成鋼，另一方面是覺得被愚弄了，和那些老兵一樣，覺得被政府騙了半輩子。文藝團體萬年不變，給終控制在「文特」手裡，甚至連國民黨自己都覺得難為情。說實話，因為缺少文藝政策，所以文藝創作、藝術表演等等就沒有尺度，而有其「自由」的一面。只是，如果大家都認為反共是「八股」，國民黨中央也同樣的不希望有「反共八股」；但是，如果那一位「有力人士」認為「鄉土文學」是有「台獨意識」的，那「鄉土文學」就要被修理。此事的另一面，卻反映出不同的情況，例如：廖添丁可以從小偷成為義賊，成為抗日英雄；搶銀行的獨行盜李師科，可以成為電影的搶手題材。

當國民黨需要你的時候，會請你吃一餐，再花不低的稿費，請你寫他所要的東西。但是，你平時得順著他，別罵他；如果要罵，就得像李敖、屠申虹那樣，要潑辣，要狠，不但罵，還要生吞活剝。能如此，他也認了，因為你可以做民主的象徵。

我們再看看中國大陸，雖然沒有定五四為文藝節，可是也重視文藝。國民黨也老說中共是靠文藝起家的。不過，中共在坐穩江山之後，卻狠狠的把作家們揍得鼻青臉腫，一下子變成了臭老九，實在有欠公道。雖說三流九等的養著，也不能那麼整法。這些文人如果會對現實滿意的話，當年就做了國民黨的順民了；就是不滿現實，所以才會抬共產黨的轎子。就像當年孔老二，如果能安於現狀，又何必周遊列國？何況，共產黨又要強調意識形態，又要重申延安文藝講話，又要突出毛澤東思想什麼的，框框又框框，條條又條條，誰又受得了？不過，這幾年似已好轉，雖然像劉賓雁、王若水、白樺這些人，在比例上仍是相對少數。不過，國民黨容得了李敖這樣的人，難道共產黨就沒有這個膽量嗎？

我們認為，兩岸的當權者，都應該善用文藝，善待文人。須知，孔子作「春秋」，其所以亂臣賊子懼，是因為人的生命有限，文章卻會流傳千古。畢竟，閹得了司馬遷，卻閹不了「史記」。

文藝作品也好，作家也好，就是因為不滿現實，才能促進社會進步，才能延續民族文化，海峽兩岸執政當局應能高瞻遠矚，早日釐訂文藝政策。

洛杉磯「國際日報」社論（一九八八年五月五日）

二、現在該是國府好自為之的時候了

四十年前，國府在大陸，從南京遷武漢、遷廣州、遷重慶、遷昆明，繞了個大圈子，最後才在台北落腳，有了休養生息的機會。世事有許多不能說不是冥冥中沒有安排的。假如說，不是八年抗戰，中共也許不可能趁機成長；假如說沒有抗戰勝利，就不可能光復台灣，則當時的國民黨將何去何從，還真不得而知了。

國民黨退到台灣的時候，是肇建民國三十八年，和今天中共建政四十年相比，的確是自始至終的坎坷連年。雖然說抗戰是以空間換取時間，勝利得很慘，也總算替中國人出了一口氣，較之中共這四十年，的確是艱難得多。至於中共的抗美援朝、文化大革命的劫難，那是自找的，所以說，國民黨不能說沒貢獻。

這幾十年，尤其最近這二十多年，不管是小天地也好，小朝廷也好，台灣上下人等過得還頂逍遙自在。但是，人，就是這麼回事，餓了洩氣，吃飽了撐著。南韓如此，大陸如此，台灣也不例外。台灣當局如果政治的悟性高，應該及早未雨綢繆，不該是事後有「先見之明」。像「自由中國」事件，像「文星事件」、「夏潮事件」都是警號，到「美麗島事件」，那已經是表面化了，與其說是自信心太強，不如說是反應遲鈍，缺乏政治警覺。也由於經濟情況的好轉，使國民黨的幹部目空一切，高高在上；行政幹部得過且過，推拖成習；司法人員貪贓枉法，惟錢是問；民意代表假公濟私，欺上壓下。這種種情況，就是沒有所謂離心份子「從中挑撥」，遲早還是要出事的。

近幾年來，由地方各級民意機構，直到立監兩院，不斷鬧事，政府總以「寬大」之名，行「姑息」之實，頭痛醫頭、腳痛醫腳地敷衍了事；有許多事，明明是可行可做的，卻偏要等鬧出問題了，才肯解決。黨禁問題如此，報禁問題亦如此，探親問題、通郵問題，也可以說老早都已經是事實了，卻故作視而不見。最後，當然難怪賣雞的要請願，養豬的要示威，種水果的、炒股票虧本的、開計程車的都示威、遊行。因為不示威不能解決問題。這個黨，這個政府，在民眾眼裡，已經是扁了。

過去，我們以為國民黨至少還有農民、老兵作後盾，可是自從老兵「想家」之後，又來了授田證問題，現在雖說是少數，可是會成為多數的。「五二〇」事件之後，農民也出問題了，據說是被「利用」了，誰又敢保證將來部隊不會被「利用」？現在該是國民黨政府好自為之的時候了！

洛杉磯「國際日報」社論（一九八八年六月一日）

三、從田紀雲的呼籲引起的感想

日前，中國副總理田紀雲，在紐約美中貿易全國委員會上，呼籲台灣新領導人，在兩岸關係上再開放一點，增加人員來往，不必害怕把社會主義帶到台灣去。

他對與會的人士說：「我們不怕他們把三民主義帶到大陸，他們也不必害怕我們將社會主義帶到台灣。增加人員來往並不意味著改變社會制度，我們可以各走各路。」而且認為，「如果台灣新領導人思想再開放一點的話，與大陸的交往為什麼不能開放得更寬一點呢？為什麼政府官員不能到大陸看看呢？」他並且「特別希望台灣能和大陸實行三通。海峽兩岸都是中國人，為什麼買賣要通過第三者呢？我相信直接貿易的利潤會比間接貿易更高一些。」

對，田副總理，的確言之成理，可是，他沒有想到大陸和台灣，隔絕了四十年，國共兩黨恩恩怨怨鬧了近六十年，而在兩年的時間之中，能夠開放到今天這個地步，以客觀的立場看，已經是不容易了，何況以台灣的處境來說，已經是相當冒險的舉動。因為台灣可「耍蟹」的本錢實在有限，假如有個萬一，就沒得玩了。因為，他知道，他對手的紀錄，他有過痛苦的經驗，好在現在是年輕的一代上檯面，一是初生之犢，有冒險一試的精神；一是一些人雖有所謂「正」「反」的心理陰影，而逼於事勢，不得不孤注一擲。

中共自己也應該瞭解，不管是大陸人民，港澳或其他海外華僑，今天和中共來往的，都抱著一種臨深履薄的心情，主要是中共過去言而無信的花巧玩得太多了，叫人不得不有一種防範突變的心理準備，一切都要做最壞的打算，這也就是中共始終希望「百花齊放」，而無有敢放的，要「百家爭鳴」，而無有敢叫者的道理。

中共有一個長處，「各帳各算」，到某一個階段不能開脫的時候，總會把這筆濫帳，推到某些人的頭上，而若無其事的重新來過，好像那些醜事，都是那個人、那個集團幹的，和共產黨無關，堂而皇之的又來一套。最明顯的，如像「文化大革命」，捅那麼大的紕漏，往四人幫頭上一推，結果，毛澤東還是偉大的，共產黨還是偉大的。不但臉不紅，連個尷尬都不會。國民黨沒這本事，不管生冷都自己吞，結果呢？苦了自己，也苦了老百姓。像「二二八事件」吧，實在儘可以往陳儀頭上推的；事實上那個時候的台灣，一切掌握在陳儀手裡，中央那有能力過問，而且也過問不了的。所以說，國民黨搞政治，就缺乏那一手。雖然有的笨鳥可以先飛，而這隻鳥只能慢飛，他有自知之明。

國土統一，是非常切要的事情，海峽兩岸應該人同此心，其所以「遲緩」——其實已比預料的快多了。一方面是因為被蛇咬過；另一方面，也就是前面所說的「誠信」不足以信賴。就以直接貿易說，經過第三者，誰都知道要吃虧的，這賬如果不會算，台灣還能經濟出奇蹟嗎？可是，這樣做比較保險，因為，大陸在國際經貿上，突然片面毀約的事例太多，台灣可經不起這風浪，如果有個三長兩短，日本、美國都沒辦法，台灣更是叫天不應，叫地不靈了。何況，大陸所需要的貨品，在量上一定是多的，在質上不會太高的，台灣中小企業多，接到一大筆訂單，勢必增加設備，一票之後，第二票不來，那時的情況可想而知；經過第三者，這風險，必然會減到最低，就算賴賬，打官司也方便些，負責貿易的田紀雲應該瞭解這些。

政治是無情的，玩政治要有藝術的手法，不能用高壓，也不能用欺詐。元朝統治中國九十八年；滿清統治中國二百六十八年，中國人始終認定是異族統治，現在雖然說是五族共和了，對於歷史上的那個階段，還是不能心服的，為什麼？不能像宗教那樣，回教、基督教、佛教都來自外邦，不也是侵略嗎？可是，它能使人心悅誠服的接受，因為它有遠景，是藝術的手段。今天日本之用經濟侵襲世界各國，實在比之二次世界大戰之前尤烈，結果大家欣然接受了，主要它是用藝術的手段，不是強權的。

我們以為，中共不要急於統一台灣，不要為了一定要在某一個人手裡，完成這事以顯其事功，甚或把台灣當做一隻肥羊，非立即納入牢籠不可，要假以時日。相信，三民主義統一中國也好；社會主義統一中國也好，老百姓對此並不關心，老百姓所關心的是，誰能夠給更好的生活條件和環境。更何況，兩岸的目標是一致的，究竟誰能統一誰，就要看誰的藝術手腕更高，需要注意的是統一「心」和統一「身」是兩碼事。

至於，所說的官員，看看大陸；還是誰去看看台灣，這都是枝節問題，說不定明天就開放了。最主要的是中共如何讓人家覺得可信賴、可免於恐懼！

洛杉磯「國際日報」社論

四、中共應有揚棄錯誤的勇氣

最近，中國副總理田紀雲，由美國返回北京時，在香港住了幾天，對香港這個資本主義社會和香港人的賺錢精神，和他在美國訪問時一樣，大為讚賞。

其實，最近以來，北京的領導人，似乎也越來越覺得生財之道的重要性，不但力促開放更開放，更因為通貨膨脹越來越強勁，也越覺得「錢」的可愛，也力促大小機構搞企業。五十年代的「社會主義與資本主義是你死我活」的說法，「文革」時期的「堵不住資本主義的路，就邁不開社會主義的步」的口號，也一去不復返了。光明日報在一篇題為「論生產力標準」的評論中，更靦腆地指出：「我們對資本主義的認識，更多的是從馬列著作中了解到的，對傳統的資本主義認識較深，而對現代資本主義則不甚了了。原始積累階段的資本主義，對內殘酷剝削壓榨工人，對外侵略擴張，是令人恐懼的，是腐朽的，垂死的。然而，二次世界大戰之後，特別是六十年代以後，生產力的復甦和發展相適應，資本主義在某些方面形成一定的自我調節機制，適應商品經濟發展需要，它形成了一個比較完備的法制體制，對壟斷進行了某些限制，保證了一定限度的自由競爭環境，又形成了一個人才密集的管理階層，促進了生產力的發展，使資本主義仍然具有一定活力。而對這些出人意料的變化，我們在長期的自我封閉中，一直缺少研究。……甚至出現『寧要社會主義的草，不要資本主義的苗』的荒唐事，以致到現在，遇到重大的改革，往往要問一個姓『社』還有一個姓『資』的；疑慮重重、作繭自縛，邁不開步伐。」

錯了！錯了！終於承認錯了，倒楣的中國十幾億人，跟著餓扁了肚子，凍殭了骨頭。正如鄧小平所說的：「應該感謝『文化大革命』。」的確，如果不是「文革」把這些人革得死去活來，相信他們還想不到要開門看看的！

六十年了，從江西蘇維埃開始，到延安、北京，現在還是初階；照鄧小平的說法，還要五十年，中國人才能大家有飯吃。這還只是預計。五十年至少要三代接班人，萬一有那一代接班人不按著鄧某人的本子辦事，又來個多少年的浩劫，保證下一代還是嚐不到社會主義的果實。

最近看過英國攝製的「介紹蘇聯」專輯影集，有六個小時，介紹了莫斯科、列寧格勒、基輔和西伯利亞等等大小都市的建設、文化及人民生活。這個所謂「無產階級祖國」，過去我們可能被宣傳所蒙蔽，相當隔閡。如今看了片子之後，才知道，和我們原有的知識，有很大一段差距。莫斯科的地下鐵，從走廊到車站，是那麼富麗、堂皇；幾個城市的一般建築，也都雄偉而古典；人民的服裝也並不是想像的襤褸；大小城市的音樂院、歌劇院、藝術館也都具有規模。作為政治中心的克里姆林宮裡，居然有七座極其氣派的大小教堂，雖然現在不做禮拜了，但是至少他們維護得很完善。我們由蘇聯的這些生活狀況看來，不免覺得，中共不但不了解資本主義，甚至人家的社會主義早也變了，也沒有注意到！

現在，在中國大陸，我們隨處可見修廟宇、塑神像，這雖然是現在當權者的反省，又何嘗不是告訴我們，過去有一大段時間走上了歧途。據說，如果不是周恩來，今天連北京的故宮、曲阜的孔廟、杭州的靈隱寺都要重蓋的，誰又會想到社會主義者，會在五千年文化歷史的古國，孕育出紅衛兵那樣的「一代孽種」？

中共現在大力宣稱，戈巴契夫的開放政策是學中共的。其實，蘇聯沒錯，因為他要維繫住社會主義的孝子賢孫，需要一個典型的外表，實際上它早已變了。如果沒變，它為什麼要清算史達林？恐怕全世界社會主義國家裡，只有中共還在對史達林感恩報德吧？看看波蘭，再看看捷克、南斯拉夫這些共產國家，那一個不是早已變了？

不是早就各有各的尺度了？現在蘇聯的變，只是生產問題。但問題最大的，可能還是中國，看看那嗷嗷待哺的十億多人，更何況還有住、穿、醫療等等問題呢！

我們認為，中共知道錯了，就該有揚棄錯誤的勇氣，別老抱著那不合潮流的「四大堅持」神主牌。中國人才會對中國前途有信心。

洛杉磯「國際日報」社論（一九八八年六月二十日）

五、中共當局應善用觀光資源

中國大陸，最近幾年也已了解「無煙囪工業」的重要，它不但可以賺外匯，還可以為國家打知名度。因此，不惜花大本錢、整修「文革」時期所破壞的名勝古蹟，就是文革之前因時間古老而傾圮、湮沒了的，也都盡可能的整修、重建；甚至不少地方根據民間傳說、神話故事、小說描述的，也都建造起來，雖然，這其間有不少不合於整修古蹟的概念，但做總比不做好，建設總比破壞好，所以，這情況，是歷代少有的。

本來，中國由於地大物博，歷史久遠，因自然生態的特殊，和歷代祖先血汗創造的古蹟之多，可以說是世所罕見，如果，能善於保護經營，不難成為一個觀光大國。可是，因為中共幹部知識不足，又足足封閉了三十多年，如今雖急於賺錢，無如空托金飯碗興嘆。

根據香港和日本等地旅行業者的訊息得知，觀光客對中國大陸旅遊，莫不視為畏途，可見徒有觀光資源，亦非絕對有利。

第一，對於經濟價值沒有概念。比如，七月底，中國民航調整票價，一張從廣州到北京的機票，居然可以從一百五十元人民幣，調整為五百五十元，這現象，恐怕世所少有，何況中國民航的設備與服務態度之差，是舉世公認的，並且是被認為「不誤點是奇蹟」的。甚至連中國官報「人民日報」都著論直斥為「替中國人的臉抹黑的」公司。

第二，中國內陸大小城市的火車、公車，不但服務差，秩序亂，而且幾天買不到票是常事。至於「的士老爺」更令觀光客望而生畏，長途的不去、短途的不去、單程的不去，吃飯時間不去、太晚了不去……等，怎能讓觀光客敢於花錢一試？缺乏「服務」的觀念，這也是死結之一。

第三，入境的海關是國家的大門。中國幾個主要城市海關，表面上看，似乎還不壞，其實背後的問題也多。例如對前往大陸經商的人，要是海關人員知道他是經常往返的，一定託購外國貨，如果下次來了沒帶貨來，或是帶貨來了敢收錢，那就後患無窮了。至於小地方，舉一個實例，即可見其餘了：

今年九月一日下午，由桂林飛往廣州的三三〇四班機因故取消，改為三三〇六班機，於下午九時四十五分起飛，本來檢查行李用X光機的，當時據說壞了，改用人力檢查，於是翻箱倒篋，對十幾個外國觀光客「非常詳細」的檢查了一個多小時，見到奇特的，值錢的，就作手勢指著要送給他，客人怕會誤時間，多數都答應了。後來檢查到一個女客的手提包，有一疊「外幣」，他也指著送給他，這下旅客說，這不是海關，這是海盜，對此事，不知道中國當局有何感想？

第四，旅館除了中外合資的，或部份農民合資辦的之外，服務態度之差，到過大陸的，應該都領教過。而且，搞觀光事業，不是單靠賣名勝古蹟和廁所的門票收入，要讓觀光客有時間買土產，才能賺到鈔票。小的旅館，沒有販賣部門不必說了：大的飯店有販賣部、理髮室，却多數是上午九時開門，下午五時打烊。飲食部，也是限時的，早上七時至九時，中午十一時至一時，晚上五時至七時，過時不候。而觀光客，一定是早上六、七點鐘出去作參觀活動，晚上七、八點鐘回旅館，一般觀光客有錢沒法花，飯店販賣部的東西，只有賣給那些因為身體不適，不願隨隊出門觀光的一、二位客人了。

至於食堂，排隊、等候不必說了，其髒其亂，恐怕可列紀錄。這還是指像北京、廣州這樣的「文明城市」。據說，武漢最近被列為「全國飯館最髒的城市」，那倒的確可以讓觀光客「一新耳目」！

當然，中國的觀光當局，也一再的吹噓觀光人數增加。其實，像非洲肯亞或撒哈拉沙漠也都有人去觀光，所以有觀光客不算什麼，要讓觀光客帶回去什麼，留下好印象，才是真正搞觀光的目的，如果說賺錢，相信這幾年，全中國花在整修名勝古蹟上的投資，恐怕要比收回的多得多。

最後，我們應該指出的，是中國人在中共統治了四十年之後，人性變了，那種忠厚、好客、謙和的情操沒有了。這很可怕，別的地方不說，以北京而言，現在這種情況，到各商店一看服務員的表情，就知道所謂「好客」已成了歷史名詞。須知，親切、熱誠也是重要的觀光資源。希望中共當局善用觀光資源，並且培養從業人員的服務道德，無煙囪工業才能好好發揮效用。

洛杉磯「國際日報」社論（一九八八年九月八日）

六、國民黨何必怯於面對五星旗

從電視轉播奧運開幕禮獨缺中國隊進場畫面說起

奧運會十七日起在漢城舉行，全世界中華族裔，都注意中國代表隊的動向，也注意台北隊的舉動，因為不管那一邊得到獎牌，中國人都覺得與有榮焉。主要是，很多地方、很多事情，作為中國人，始終覺得很委屈，抬不起頭，直不起腰桿，所以，只要有一點點讓中國人可以覺得光彩的，就會把自己算進去一份。過去多少年來，台灣的孩子來美國打少棒、青少棒、青棒，不但美國華僑不分彼此都感到高興，還組了隊、包了車，千里迢迢的到比賽場地捧場，並提供服務；而在台灣的同胞，就是在深夜、凌晨，也都萬家燈火地，一家老少守在電視或收音機旁，為遠方的孩子之一球得失而歡呼、頓腳。此情此景，相信很多人都嚐試過。

為什麼？是為了看孩子們打球、贏球而樂嗎？不是，而是為了身處海外，身處孤島，可以讓中國人值得興奮的事太少了。

台灣有一位高級將領，每逢各級棒球隊在美國比賽的電視轉播，一定停止所有公私約會，守在電視機前。他說：「我們中國人，每一年只有這些孩子能讓我們揚眉吐氣一次，我們為什麼不捧場？」

同樣的心理，台灣的中國人，對於每一次大陸體育團體，在國際上有出人頭地的表現時，都非常非常高興，也總覺得自己沾了光。

過去，中國人被目為「東亞病夫」的時代已經一去不返了，近二十多年來，兩岸青年一代，都各有其表現，就是在體育上，也都極為出色，這是可喜的。

看台北報紙消息：「由於十七日第一天漢城奧運的開幕典禮轉播過程中，獨缺大陸選手進場的畫面，引起不少觀眾的不滿，台視及中視昨日曾頻頻接獲觀眾抗議的電話，使兩台頗感為難。」以後據台視及中視分別指出，以廣告插播方式跳過大陸選手進場畫面，除礙於規定外，尚顧慮到電視上大量出現中共五星旗的必要性。兩台均表示，轉播奧運主要目的在於看各國選手之競技，因此對部份觀眾對大陸選手進場十分在意的反應，感到不解。

我們看到這消息之後，也感到很不解，因為大陸同胞，是國民黨自稱的中國「唯一政府」所遺棄在那裡的人民。回鄉探親過的台灣大陸人，知道那裡的情況；沒回去過的，不能去的，會想在螢幕上看看對岸同胞的狀況。看了別國的運動員，也能看看自己的同胞，總更親切些。電視台既稱轉播目的是為了只看競技，那麼開幕那天，只有典禮，沒有競賽，就不應該花冤枉錢買時間，你說對嗎？

至於怯於面對五星旗，實在大可不必，因為有這麼一面旗子，相信台灣人民心裡都有數，如果說見了那旗子，就會嚮往中共，那國民黨本身就已承認失敗了。

國民黨也好，國府也好，多少年了，始終是言不由衷：言行不一。對中共如此，對大陸的人民亦如此。國民黨能說大陸的人民都是共產黨嗎？一面要大陸同胞心向「祖國」，一面又排斥他們，既拒之於千里之外，而又要他們為「祖國」反共，這套學自史達林時代俄共的手段，已經過時了。

爭取民心，就要能夠取得人民的「忠心」，就應該與人民共生死，共榮辱，國民黨單靠空口說白話是沒有用的，老用台灣的財富炫耀大陸同胞，也不是辦法，要真正付出愛心和關懷才是正途。

國府如果是中國唯一的政府，應該要表現出真正的風度，別老是近視眼，只看到台灣這幾個小島。要放眼大陸，看那黃河、長江，看那黑水白山，看那十億人民。

我們極希望國府能一掃往日陳腐的、怯懦的、逃避的心態，給大陸奧運代表隊每個得金牌獎的運動員一封賀電，像對待台灣運動員一樣的親切、熱烈，甚至派代表團慰問在南韓的中國大陸代表團人員，相信會有正面的反應。

洛杉磯「國際日報」社論（一九八八年九月二十一日）

七、中國大陸亂象變本加厲

中國大陸最近物價猛漲，貨幣貶值得厲害，「待業」和「富餘」（亦即失業）的人口大增，民眾的生活越來越困難，因而鋌而走險的人也愈來愈多。據公安部公佈的數字，今年上半年，全國重大刑案比去年同期多百分之二十四點八。目前刑案的數字似乎是更有增無減，主要還是盜竊財物、詐欺、搶奪、勒索，甚至謀財害命等。

貧窮雖然是引發犯罪的重要原因之一，但是價值觀的轉變和社會道德的墮落，可能更為主要。事實上，今天有很多搶盜劫掠之徒，並非三餐難繼之輩。

所謂價值觀轉變、道德觀的墮落，主要來自急功近利，一切向錢看，以金錢為第一。於是，有權的用權，無權的使拳。有權的貪贓玩法，投機倒把，無權的就偷盜、搶詐。

今天大陸的社會形態，由於從過左的社會主義，急切的要想轉向西方，接近資本主義的水平，無疑的是要有一番強烈的震盪。

第一，因經濟改革、開放而應運而生的個體戶，現在已經不是初期那種一天賺十元八元的小商人，而是由萬元戶一躍百萬元、千萬元的大富翁了，由於這些人的蛻變，直接間接也引起了社會的改變。

這些由個體戶成為暴發戶的人物，經常花天酒地，盡情揮霍，一甩手千把元、萬元在所不惜。正當的蓋華廈、買轎車，不在話下；狂妄的，狂賭、嫖妓、納妾，無所不為。而這些人的文化素質並不高，可是他們却可以運用金錢，攀附權貴，建立社會關係，以致污染社會。

第二，據說中共幹部在建國的頭兩年，還確能親民恤民，潔身自愛，有一番新政氣象。至三反五反開始，就腐朽日重，清算鬥爭無所不用其極。至「文革」十年，更是濫權、跋扈了。人民生活之苦痛，也史無前例。到四人幫垮台，鄧小平復出，該算是一個轉機。但是，由於經濟政策的改變，開放，也使許多幹部隨臭逐污，一切向錢看。各單位為了要自謀開展，導致機關不像機關，商店不像商店。機關可以做生意，學校也可以做生意。如此，就難免蓐民不趁機交官結吏，官吏亦不能遠離奸佞之徒，互相利用、互相勾結的情事當然會發生。

第三，沒錢又沒勢的，如教授、學生，就只有浩嘆知識無用，也競相從事副業。

由於經濟掛帥的結果，社會形態急遽在變，加上近年來，開放僑匯，開放台胞還鄉探親，使一部份人民的生活水平提高；更由開放的結果，引起了資本主義社會的許多不正常的文化，衝破了久閉的門戶，而使一部份不能把握理智的年輕人，學習到了荒唐、頹廢的奢華、放浪的生活，也學到了無視社會道德、法律規範的行為。

超過十億人口的中國，種族多，生活方式也多，而政治又左右搖擺，難免有許多人為了一已的利益，超越法律，擾亂社會。更何況，今天的幹部，在民眾眼裡，沒有不需要「意思、意思」的。因此，他們認為，「官」既可以藉「權」謀財，民無權就只有用「拳」了。

目前大陸社會之亂象，相信由中共各級單位之一再申令，就可以看出其嚴重。中共公安部長王芳，日前向全國人代常委會報告治安現狀時，形容大陸所面臨的治安形勢相當嚴峻，實在不可掉以輕心。

此外，便是因對現實的極端不滿，而激發的暴力案件，也是值得重視的。據王芳透露，在殺人、傷害、爆炸案件中，多數是圖財害命，或是因民間糾紛激化引起的。而且還發生工廠工人報復，殺害廠長、經理和殘害無辜群眾的案件。

此外，國際販毒集團經中國境內的販毒案件也日見增多，賭博、賣淫、迫良為娼，傳播淫穢物品等社會罪惡現象屢禁不止，影響社會秩序的遊行、請願、械鬥、哄搶事件也不斷發生。更可怕的，恐怕是集體搶掠，已經不只發生過一次了。

所有這些現象，無疑是由於社會經濟不平衡所使然。我們認為，調整經濟制度，雖是急務，但加強社會教育和法治宣導，也是當務之急。如此多管齊下，大陸才有可能安寧祥和。

洛杉磯「國際日報」社論（一九八八年九月二十九日）

八、何必為「河殤」而神傷！

最近一段時間，大陸的文化和思想管制部門，對於電視劇「河殤」搞得很熱門，禁與不禁，起先是拖泥帶水，到了王震痛斥之後，好像是判定了死刑。可是迴響很大。

「河殤」，是一部以黃河、長城為主線，以紀錄片的彙集配以旁白，主要是旁白裡，把中國之所以導致有今日之貧困落後，完全訴之於黃河、長江的阻礙，也就是說，中國因為不能擺脫固有的文化，致影響了前途。意味著中國如果能如日本明治維新一樣，甩掉固有文化的包袱，中國今天不應該是今日之中國。

其實，知識份子，尤其是作家、藝術家的思想是海闊天空的，有很多事情，當然有其道理在，而有的事情往往也只是憑個人，或是少數人的理想，把它表現出來的，主要是他能形之於文字，形之於形象，因而可以把他的思維理念表達給別人，其實有時事實上做不到。極其現成的一個例子，馬克思的共產主義，讓許多人傾倒，可是幾十年實驗下來是行不通。

關於「洋為中用」，「全盤西化」的問題，在中國鬧了不只一天，有的明知道不可為，可是為了某種情況，有一些人就要喊與別人不同的口號。

最近一期「求是」雜誌裡有一篇是中國藝術研究院的田本相寫的文章，他對「河殤」肯定它的電視文化價值，但是他對「河殤」所做的結論是：「『河殤』的批評理性是相當嚴峻而沈重的。好像作者帶著灼心的劇痛在拷問著黃河、拷問著歷史、拷問著民族、再拷問著人們的靈魂，更拷問自己，以理性的啟迪和說服力來喚醒全民族的反省意識和改革意識，激起全民族的緊迫的危機感，從根本上來振奮民族的奮發精神。」我們想這是比較正確的。

而中共中宣部的戚方，猛責「河殤」是「對龍的文化，對長城黃河一舉抹殺和徹底否定。」似乎是言重了。

因為中共的「文化大革命」，主要是要「東風壓倒西風」，結果砸了西風，卻也毀了東風，把中國的固有文化做了古今未有的毀損，可是這是他的痛處，現在他已經知道，那是錯的，因為東風究竟是中國人的文化，所以「河殤」，在現在提出，雖然說的是文化阻礙了中國的進步，何嘗沒有隱含著指斥中共阻礙中國的進步。

現在有人提出，說是如果當年光緒的戊戌政變成功，可以和日本的明治維新齊驅。我們以為這是天真得離譜。要了解的是，日本的明治維新，是「洋為日用」，他是吸取了洋的精華，並沒有捨棄日本的固有文化，今天到日本看看，他可以有全世界最先進的企業結構，也有最古老的歌舞伎、茶道；他有幾十公里長的海底隧道、海上大橋，但是他也有保藏、維護極為完整的古剎、神像。

可是，中國人呢？世界上人家有什麼先進的，都是中國人發明的：火藥是中國人發明的、火箭是中國人發明的、印刷術是中國人發明的，最後，中國人就因為人家「船堅砲利」，吃了百把年的憋。最主要是中國人，太聰明，結果聰明反被聰明誤。我們別說大的，今天的中國人，就穿不出一套「傳統」的服裝，美國是個移民集結的國家，不算；日本有傳統服裝、韓國有傳統服裝，英國有傳統服裝，甚至連非洲的烏干達、尼日利亞都有。中國呢？很勉強的說是長袍馬掛、旗袍，可是，那是滿洲服裝改良的。現在代表台灣這個四小龍之一的國家，到處表演的民族舞蹈是「山地舞」，這代表的歌曲是「阿里山的姑娘」。代表中國大陸的是「毛裝」（其實是中山裝），這是傳統嗎？

說實在的，讓作家說心裡的話，不管是發洩也好，建議也好，政府不必去干預，越干預問題越多，相信看戲不會做反的，知識份子就是嘴巴快了一點，當政的，聽到了有則改之，無則加勉，這就是言論自由的要領。

人多嘴雜，人多意見也多，中國就是年年變法，年年維新，民族性不徹底改變，似乎一點辦法也沒有，「河殤」就讓它演下去，相信不會因「河殤」而起革命的，不讓演，反而「神殤」、「心傷」！

洛杉磯「國際日報」社論（一九八八年十月二十七日）

九、兩岸宜致力改革內政勿空唱統一高調

看看今天海峽兩岸的狀況，再回顧一下歷史，令人覺得中國人真悲哀，從滿清末年以來，中國人就沒有過真正平靜安樂的日子。

孫中山先生推翻帝制，該是一件好事，可是當時又有滿清餘孽作亂，日俄列強歧視中國，尤其日本軍閥急急於侵吞中國。到了國民革命平定軍閥，南北統一，接著就是抗日八年戰亂。好不容易抗日戰爭「慘勝」，接著又是國共兩黨的內戰，誰都想充救國救民的「英雄」，結果呢？到了今天，兩個黨、兩個政權所拯救的人民，都還在

擔心，這個國家什麼時候會垮下去。

照道理，兩個政權之下，是各有其長，也各有其短。以台灣情況來說，這十幾年來，民眾的生活情況，是中國人有史以來的最佳狀況，社會的開放也比之過去日有進步；而另一岸的情況，雖然開放得比較晚，但以一個實行社會主義的國家來說這十年來的狀況，也不算太差，無如國土太大，人口眾多，加以過去有為期三十年的倒行逆施，一下子要想從窮困中鬆一口氣都不容易，別說短期要超過十億多人口，能夠溫飽。

中共過去標榜造反有理，可以遊行，貼大字報；現在開放了，當然更不可以禁止。因為開放，大家就要求改善生活，所以台灣的官員貪污，大陸的幹部胡搞，沒有什麼可稀奇的。蘇聯不是也有高幹貪污嗎？大官高幹搞大錢，小官員小幹部搞點零花的，吃吃喝喝。

大陸現在看到台灣有鈔票，於是猛搞統戰，希望用同胞愛、用親情來打動流落在孤島的垂暮之年的老兵，以及行將就木的國民黨當權老幹；而台灣這些老朽們，的確想家、想親人，可是現在，老的，在老家有親人的，都靠邊站了，當權的，絕大多數沒有至親在大陸，而且給國民黨的反共教育洗了腦，今天，能在小朝廷混上一官半職，又何必自尋困惱？因而開不開，放不放，總是糾纏不清，以致不少人給搞得神魂無主。

其實，自台灣回大陸探親的已經有數百萬人了，反應如何，兩邊政府都該心裡有數。相信，回去的人越多，可能導致的統一步調會越慢。但是，打破「三通」應該是遲早的事。至於「統一」，別說「一國兩制」，就是中共想讓位，國民黨似乎還得考慮。因為，以今天大陸的經濟情況來說，不但普遍的窮，而且亂。假使過去那樣，大家都窮還好辦，可是現在又有了新階級，什麼萬元戶、億萬元戶，這些人做神不會做鬼會，現在的幹部也見了世面了，相信以現在台灣的些許積蓄，還應付不了這個大場面。七百多億美元的外匯存底，兩千萬人來分，還可以分幾個錢；讓十億人來分，每人就得不了多少，有用嗎？

台灣有人才，可是台灣搞了快四十年才有今天。遠水救不了近火，大陸的狀況要想達到今天台灣的水平，得多少年？台灣固然喊著是唯一政府，恐怕沒這膽子承擔下來。

台灣的土地和人口與大陸相比較，有如小巫見大巫，這樣的規模，卻已經搞得慘不忍睹，國民黨還能料理得了整個大陸嗎？

最後，我們以為兩岸能夠先由三通做起。時代的趨勢是不可遏阻的，統一之事，則應順乎自然。不過，最重要的是：中共好好先把大陸的經濟搞上去，國民黨也把台灣的社會平定下來，好讓可憐的中國人也有物富民豐的日子。

洛杉磯「國際日報」社論（一九八八年十一月十五日）

十、中共上下交征利後患無窮

舊的一年過去了，世界在變、大陸在變、整個共產國家在變。有不少人，對大陸的變不信任，對蘇聯的變不放心。主要當然是由於社會主義國家謊言說得太多了，因此引起信心問題。

不管怎麼說，大陸的透明度，去年的確比前年好，近十年的確比十年之前好，這都是事實；「當家做主」的人民，可以公開罵共產黨，也一點不假。有了第一步，再邁開第二步，應該較為容易些，至於一步能邁多大，那要看周遭條件的配合。

有覺得，大陸目前的情勢不妙，工業過熱，農業過冷，經濟又失控，以致通貨膨脹，農業停滯不前，農產品供不應求，工業產品粗製濫造，這是中共的無能所致。

其實，中共的無能，自己早就承認了，不然，它又何必一而再的認錯？又何必承認一直沒把社會主義搞清楚？如果知錯能改，也尚有可為，怕就怕將錯就錯，或是恐不認錯，那可就麻煩了。

今天，中共最大的問題，恐怕出在大家「向錢看」，因為向錢看，所以有貪污、投機、倒把。這樣，危險就大了！大型的工礦企業貪污，中型的農牧業搞錢，小型的商業買賣囤積居奇，影響所及，造成上下交征利。雖然中共當局一再說要肅貪除弊，能嗎？有「天下是老子打下來」的高幹帶頭，還能指望什麼？

現在，搞錢的，已經不僅僅是工商企業，或是行政幹部了，連以往中國人認為最清高的教育界，也不例外了，真是應了「上下同心」的名言。

據北京消息，大肆宣傳四十年來第一次人體畫作品展覽，說是「開放的花朵」，接著宣揚參觀人數的開創紀錄，由每日七八千，一躍而一萬五六千，真正是盛事，是群眾對「藝術」的饑渴。中央藝術學院的幹部們，可真是有「人飢已飢」的精神，而且懂得生意經，也懂得「開創」。

人體畫展，不僅較之搞工商企業方便，也比搞旅遊業省事，而且一本萬利。展覽會一張門票賣二元，一天有一萬五千多人參觀，就有三萬元以上的收入，還有畫卡、畫冊、明信片可賣，這有多好賺！

藝術和色情本來只是一紙之隔，甚至可以說連一紙的界限都沒有，只是在看的人意識上的調理。故人體畫展覽並非十惡不赦，但是中央藝術學院當初和模特兒既已約定不公開傳播，就應遵守諾言，否則就是忽視人權。再者，雖然名為救濟亞美尼亞地震而展出，恐怕只是「美其名」而已，自己的雲南嚴重災情都救不了，又何必捨近助遠？現在出了問題了，事情當然會因調解而平息，可是「出賣」的模特兒的家庭問題、鄰里親友之間的歧視眼光，調解得了嗎？模特兒本身的心理上的創傷可以彌補得了嗎？

從小看大，當政並不太容易，衣食住行等大事，固然要管，垃圾、污水、廁所、陰溝等等芝麻小事也得管。尤其是「人權問題」，已經不像當年那樣可以生殺予奪的了，更要重視。因此，我們希望中共，在開放改革的今天，不但要學工商管理，要學經濟調節，更重要的，要學如何處理人的問題，尤其是人性問題和人權問題。

洛杉磯「國際日報」社論（一九八九年一月六日）

十一、中國大陸亟應重整社會道德

十四日的「人民日報」海外版，有一篇題為「兩位台灣企業家遺憾的反思」的文章，說是兩位不久前在大陸遊覽訪問的台灣企業家，最近向記者發表談話，談大陸應該儘快革除十種弊端：一是公廁極髒；二是商店、飯店服務態度很差；三是交通擁擠，司機態度惡劣；四是外匯黑市猖獗；五是衛生條件差；六是日程計劃像「貓眼」，經常在變；七是不推銷產品；八是生硬安排「領導人接見」影響不好；九是文物保護、環境美化很差；十是飛機沒有安全感。他們說，許多人來大陸是冒了險，付出巨大代價的，但從大陸返回時卻帶著遺憾，甚至一肚子氣。他們衷心希望大陸有關部門革除上述種種弊端。

該文作者認為這是「一家人不說兩家話」，認為是「這兩位企業家的肺腑之言，儘管某些方面有些出入，或且屬個別現象，但是值得我們反思。」

於是，該文作者也頗為適切的，提出了五個反思。

其實，文中所提出的十種弊端，可以說都是日常瑣事，多數是社會常見的一些頗受非議的不正常現象。有些是我們過去就已經談到過的。這些雖算不上經國大事，其影響卻不小。有些事不僅大陸有，台灣也存在，似乎就牽涉到中國人的人性問題。因為，同樣是中國人的社會，情況也不同。

舉個例來說，環境衛生方面，新加坡與香港，就比台灣和大陸要好，新加坡的公共衛生知名於世；香港的地鐵、車廂，管理的人都很少，但極為乾淨，僅僅在車廂，車站裡貼幾張小海報，「抽煙者罰二千元」、「亂丟垃圾者罰二千元」，並沒有人巡邏，可就沒人「敢」違規。但沒規定的、沒人見到的地方，也就走樣了。而在大陸、在台灣，恐怕越是不准抽煙的地方，越是煙屁股特別多，這是中國人的法律之外總存在著「人情」而給搞走了樣的緣故吧！交通秩序也有同樣的問題。過去，有許多事情，總說教育水準太低，在大陸或許說得過去，在台灣就不應該有這藉口了吧？

有些問題，是供需問題，像外匯黑市，當年台灣不也是如此嗎？不過多數在銀樓和商店裡交易，「單幹戶」倒很少；有些現象，則是中國大陸特有的，而這些現象如果不及早改正，對社會進步、經濟發展、國際聲譽，都會有極大影響。

中國人教訓小孩有一句話：「雖然是破衣服，要穿得乾淨。」大陸的部份中國人，也許是生活習慣的關係，日常不修邊幅，甚至解放軍，仍然有人沿習老八路的作風，歪載帽子，敞開領子，堂堂大國的軍隊，就像烏合之眾的游擊隊。軍和民連自己的穿著都不注意，怎能注意到環境的整齊清潔？

對做生意的人而言，顧客是「衣食父母」，可是今天大陸的店員、司機、飯店的服務員、航空公司及其他交通工作人員，都把顧客當作敵人。當然，一是供求問題，一是觀念問題。現在變成主從不分，所有的人，只要佔著一個工作位置，就認為他抓到了「權」，就是賣豬肉的也認為他有要不要給你好肉的權。許多人都認為這是吃「大鍋飯」的關係，其實，這就是盲目搞社會主義使然。

問題很簡單，中國共產黨破壞了「社會倫理」，把所有人都叫做「同志」就是一例，文革十年，破壞了「社會道德」，今天已嚐到了自己播種的苦果。

在中國大陸，開展經濟固然重要，重建社會倫理、重整社會道德也不可忽視。

洛杉磯「國際日報」社論（一九八九年二月十八日）

十二、談判不等於投降、接觸才能贏得民心

國民黨政府自從撤退到台灣以後，就一直呼籲著要反攻大陸，結果三十九年來坐失了幾次絕好的機會。例如，韓戰期間，一九五九年到一九六一年大陸大饑荒期間，「文革」的十年動亂期間等等，國民黨卻瞪著大眼睛讓它過去。那麼，可以理解的，國民黨之叫著、喊著反攻大陸，只是給台灣軍民和海外華僑的一線希望；喊著要大陸同胞起義，是希望撿個現成的果實。其實，大陸同胞如果有可能打倒中共，就不可能讓國民黨回去當家做主，更何況國民黨在大陸人民的心目中，和今天的中共是半斤八兩，他們不會搬石頭砸自己的腳，自己能打倒中共，難道自己不會坐江山？

處處都表示自己是中國唯一合法政府的國民黨政府，如今總該站出來說話，把是非曲直弄個清楚。何況，今天的總統兼黨主席李登輝既不是當年的當事人，而國民黨的這批新委員和當年的挫敗也絲毫沒瓜葛，該說的、該爭的，儘可以提到檯面上來討論。如果，鄧小平是為了要向歷史作交代，相信以今天的台灣實力，他自會有分寸的。

過去國民黨怕和中共接觸，主要是怕因和談會渙散民心，崩潰士氣，使多年凝聚的士氣和反共心態受到破壞。今天，情況變了，應該沒有這顧慮了，因為自開放探親以來，台灣民眾對大陸瞭如指掌，今天之所謂反攻復國，可能使許多人成為一種羞愧的反射，原有的那種反共、反攻的決心，都已經轉化成如何援助大陸同胞的心理。例如陳立夫、蔣緯國等人建議以百億美金經援大陸，就是一個見證。今天，許多台灣人民以各種方式突破禁制，已經徒然成為一種政令無力的笑柄。既是收不到圍堵的效果，開放還可能為國民黨留下一線生機。

我們絕不危言聳聽，以今天國民黨來說，兩百多萬黨員只是個數字，就是高階層的黨員和幹部，也不過是靠國民黨作為政治資本。其真正為革命者，為國、為民者有幾？國民黨自己應該清楚。所以，現在在中共以諸種方式表態之下，國民黨不管是為本身，為台灣人民，或為全中國人民，都應該和中共接觸。

當然，如果說中共裝笑臉沒有統戰成份，是不可能的，譬如，前些天，中共大會副委員長，不是曾經對台灣民進黨去大陸訪問的幾個立委助理說了嗎？「社會主義不可能有反對黨，那是資本主義的玩意兒。」這就是狐狸尾巴，既是不能有反對黨，則和國民黨談，不是要國民黨當花瓶黨、當電燈泡嗎？果真如此，相信，不但是中國人不贊成，就是世界上高等台灣的人士也不會贊成。所以，國民黨要想辦法抓住這條尾巴。要抓住這尾巴，國民黨就非要和中共談不可。不入虎穴，焉得虎子？天下沒有白吃的午餐，國民黨已經採取了將近四十年的守勢，該是出動的時候啦！

須知，國民黨不出動，老待在台灣，總有一天會束手無策。當然，揚帆就有翻船的危險，要翻船寧可翻在大風大浪中，別翻在陰溝裡。

洛杉磯「國際日報」社論

十三、台灣傳播界有責任將民主導上正軌

「君子動口、小人動手。」中國先賢早就為一個人的舉止行為，言簡意賅地下了註腳。

二月十四日，台北的立法院又有鬧劇，又是朱高正施展拳腳，這次不是砸麥克風，不是摔桌椅板凳，而是打人，而且打的是女人。

台灣的傳播媒體，對這一類事情，似乎總把它當做隔壁的又吵架了，或是樓上的又砸鍋子了，以逗趣的方式來處理。當然，弱肉可以強食，要是強肉，也就不敢吃；但為了表示公正，有時會兩邊都給幾句不關痛癢的風涼話，卻很少看到較為中肯的、

誰是誰非的報導。海外華人看在眼裡，痛在心裡。雖然兩岸都標榜進步、民主，而我們所見到的，卻是越來越糟、越紛亂的社會狀況。

現代人說搞政治要注意政治藝術，要自己洒脫，群眾愉快，抓緊原則，守法守份。但國民黨搞政治是破落戶翻身：一方面要顯示身家，一方面又怕洩底，所以總顯得結結巴巴的，想洒脫，又不敢洒脫，許多事，總自己給弄得枝節橫生。

中共搞政治，則擺明的是把它當把戲耍，所以把工作幹部組合叫「班子」，像「X工廠X廠長的工作班子」、「國務院李鵬總理的班子」。但如果說「國民黨中央李煥的班子」，那可是罵人了。既然叫班子，當然就像演戲，戲碼常換，觀眾不滿意，沒關係，反正這段時間混過去了，下一段再來別的，於是有四六開、三七開，分段給分數，總會有幾段好的。

而現在台灣後浪推前浪，這些人據朱高正這個自認為很懂政治的才俊說：要「玩政治」。既是「玩」，當然有兩個目標：一方面玩國民黨，玩得天翻地覆，所以玩立法院，玩省縣市議會，玩街頭遊戲，玩警察；另一方面是玩民眾，讓民眾跟著他搞示威，搞罷工，砸用納稅人的錢購置的設備、警車。

如果說民主政治就是示威、遊行、請願、罷工，讓公權力不張、社會脫序、做官的沒有人格和自尊、為民的不能安居樂業，這種民主政治就需要檢討。

社會過於安定、繁榮，可能會讓許多年輕人難以出頭，所以會有人要走偏鋒，會有人要走極端。中國大陸、蘇聯以及所有共產國家，如今也都因為開放，以致有許多人冒進、走偏鋒。這正如香港記者在莫斯科訪問青年，所得答案：「因為我們覺得沒人注意、重視我們，所以，我們要這樣打扮、搞事，來引起他們注意。」這也正如朱高正這些人，始終覺得「老賊」們擋了他們的前途，因此不但要除老賊，還得引起注意，讓人家注意有他存在。至於過去大家認為很正派的康寧祥，最近竟也在立法院砸起麥克風，砸起桌椅。因為康寧祥已覺得好人太寂寞，不能上報，鏡頭都被頑童們搶盡了，將來選票有問題，所以也動動筋骨。而且，因為政治可以玩，所以演脫衣「舞藝」的許曉丹，也要競選立法委員。這樣的玩政治，簡直是玩物喪志。

再看看現在台灣的社會趨勢，例如賭「六合彩」，每星期二、四開獎日，民眾為探聽中獎情況，佔盡所有電話線路，也使工廠停工，公司行號、機關社團因而停止辦公，想想有多瘋狂？傳播媒體竟視若無睹。

我們極希望台灣的傳播界拿出道德勇氣，勿為爭取本身的利益而偏頗了立場，有責任把民主導上正軌，用正確的輿論把政治導向正道，勿推波助瀾，勿隱善揚惡，否則，台灣必有「不好玩的一天」。

洛杉磯「國際日報」社論（一九八九年二月二十三日）

十四、中共必須正視人口「盲流」問題

最近幾天，為了湖南、廣西、四川和河南等各省，大批要尋找工作的男女，像洪流般湧進廣州和深圳，廣東省發出警急呼籲。希望各省幫忙制止。這些人，在媒體上叫「盲流」，意思當然是指他們盲目的流動。其實這種「人流」，不是最近才流的，最近一兩年，各省找不到工作的，嫌攢錢少的，已經都陸陸續續的向沿海城市奔流，前一陣子是往海南島跑，最近在「東西南北中，發財去廣東」的誘惑下，集中到廣州的特多，廣州消化不了，直奔深圳的不少，廣州曾多達二百多萬人。

整個來說，中國人，在台灣的也好，在香港的也好，在中國大陸的更不用說，就像沒頭的蒼蠅，都在亂飛亂撞。過去，台灣人怕中共來，現在則有人怕台獨，略有辦法的都想往外跑，為的是安身保命。香港人怕「九七」大限來臨，怕中共的一國兩制靠不住，算算還是走為上策。而大陸的中國人，反正共產黨統治下最壞的日子都過了，倒不是怕受罪，只是想能稍微過得好一點。所以，廣東的人，想盡辦法跑香港、澳門，其他省份的人，認為能在廣州、深圳待下去就心滿意足了。作為中國人，作為這一代的中國人，想想著實夠可憐！

有一句老話說，中國地大物博。地是夠大的，物可並不博，中國的西南、西北多數是山嶺、沙漠，物產並不豐富。可是人太多，「生之者寡，食之者眾」，是相當可怕的一大窩子吃食動物。中國常自詡為泱泱大國，其實應該說是「殃殃」大國。我們有時看看數字都覺得可怕。請看以下這片段：「北京八條鐵路、二十四條國際航線、四十六條國內航線，每年八千萬人進出，約二億件郵件，近三十億人次乘坐市內交通，四千個企業，一〇四七家外國企業駐京機構，近四百萬職工，僅國務院就有一百多個部委，四、五萬幹部；百分之十四點七（近八十八萬）被困在京津狹小的、以衙門為主的地區。」

這還僅僅是北京一個地區。想想，十一億人，一天所需要的，尤其一個文化水平低、工業落後，商業不夠現代化的情況下，怎麼能夠讓每人有一口飯吃，實在是不可想像的事。

因此，我們有時候看到大陸的傳媒報導，某些產品世界產量第一，都要打個寒顫。為什麼？因為在別的國家可以這麼說，中國可不能。想想中國自己究竟需要多少？舉個例說罷，前些日子，中國傳媒報導，去年腳踏車的產量四千萬輛，的確是世界第一，可是據說中國現在的腳踏車有三億多輛，那就是說，去年的產量，僅可能彌補損耗量。其它的產品也都是如此，自己用都不夠，如果說要外銷，那不是要刻薄自己了嗎？那是不是就叫做「飢餓外銷」。

當然，不能說這開放的十年情況沒有改進，至少一些大城市，一些沿海的城鄉，經濟是搞活了，有少數一部分人的生活是進步了，但是，由於經濟結構和政治結構的障礙，似乎因為少數人的經濟情況的改善，竟影響了多數人的生活秩序和生活條件。

目前，影響中國經濟極嚴重的，無疑「官倒」佔其一，而中國的工商業，又那一項不是官辦？官辦要它賺錢，不「倒」又怎麼「賺」呢？

據二月二十七日消息說，大陸的火車票要加價了，從廣州到北京的硬臥，原來是五十幾元，要加到二百多元，差不多是四倍。客運漲了，貨運能不漲嗎？貨運漲了，物價能不漲嗎？這不是「官倒」嗎？國務院一方面喊著壓抑物價，一方面官方領導漲價，這該辦李鵬呢？還是要辦管鐵路的？

大陸現在時與「包乾」制，是不是可以考慮劃出三兩個省份，讓台灣的國民黨來「包乾」；如果覺得給國民黨搞不好看，就讓台灣的民間組織來幹，一方面中共可以派幹部就近學習，一方面也可以減輕負擔。

總之，盲流也好，亂流也好，終究不是意識形態可以解決的活命問題，卻是作為執政者不可推卸的責任問題，中共該早日設法開一條出路。

洛杉磯「國際日報」社論（一九八九年三月二日）

十五、社會主義填不飽人民的肚子

據新聞報導說：「一架由東京飛往倫敦的珍寶客機上，經濟客艙的乘客山本莉子，有三百五十三個座位可以選擇，二十個乘務人員隨她召喚差使，美酒佳餚任由享用，因為她是這架英航機上的唯一乘客。」

儘管機上只有一位乘客，但機師也不嫌麻煩地來到山本莉子的座位前說：「我是你的機長，這項宣布是為山本莉子太太作出的。我們現在的飛行高度是……。」隨後，機長帶來一張飛行圖和地圖，向山本太太說明飛行路線。

這個受寵若驚的乘客，是東京一間初級大學的講師，要飛倫敦和她的丈夫團聚，由於機械故障，客機延遲了二十小時起飛，其他的乘客全都改乘別的班機走了，只有山本太太堅持要坐這飛機。英航為此開支大約三十三萬美元，送這唯一的乘客到目的地。

這件事情，如果發生在中國大陸，相信不可能這樣處理的，因為那是一個要堅持社會主義的國家。

可是，社會主義不能餵飽人民的肚子，所以要在四個堅持之下，走資本主義的路子。搞開放、搞市場經濟；也就是那個想「食於東家、宿於西家」的小姐的如意算盤。

當然，這件事情也可能是英航的一種宣傳手法，而其宣傳的內涵，無疑是說明如何重視商業信用。這點，不但中國大陸的航空公司要學，就是商業行為、政治作為上都要學，因為中共的整個體系，就缺少「信」字。中國一句古話：「民無信不立」，可見這是自古已有的真理。

前些天消息說，最近北京工商行政當局，在推行「重合同、守信用」的活動，全國被授予「重合同、守信用」稱號的企業有三萬八千多家。

這說明，北京已經注意到這一方面的重要性。我們極希望這種活動不要流於浮面，不要像大陸許多機關、學校、商號門口掛的那塊「文明單位」的牌子，雖然是白板寫著黑字，卻有「不文明」的現象存在。

一個航空公司，賣給乘客一張票，就是和乘客訂下了負責運送他到達目的地的合約，不但負責運送，還要負責他們的安全、舒適和生活的需要。為了信守合約，就不能計較賺不賺錢。可是，反觀獨霸中國大陸的中國民航的作為，卻是對顧客予取予求，而絕不把乘客當一個合約的對手。

其實，大陸的許多飯店對住宿的旅客也是同樣態度，再擴大一點說，大多數的商業行為，也不把合約當一回事。不管是買的還是賣的，只要算算划不來，隨時都可能片面停止合約，這也就是今天搞市場經濟最大的致命傷。無論是外資還是僑資、台資，投資人對中國大陸的投入，總抱著冒險的心態，這是相當可怕的現象，也就是說，投資人對大陸的商業機構，或是政府法令都有一種不信任感存在。

再擴大來看，所有的人，包括大陸的民眾和幹部，對政府的作為，行政上的法令，有不信任感存在。一是對領導階層的人事的穩定性不信任；一是對領導層的說話不信任。這很可怕，因為大部份的人有這「感覺」，就難免有「今朝有酒今朝醉」的「過客」心理，這沒法讓一個國家、一個社會、一個事業有發展、有成就的。

社會主義國家，都給人一種不信任感，問題就出在「社會主義」的制度上，「社會主義」成了貧窮、無信的標誌。

從近年所有社會主義國家，紛紛走資的情況看來，社會主義除了作為一黨專政、不講信用的護身符之外，似乎一無是處。而多黨的民主政治已是世界潮流，誰在政治上更開放，經濟上更能福國利民，誰就能保有政權，中共實在沒有必要再堅守社會主義。

洛杉磯「國際日報」社論（一九八九年三月十六日）

十六、鄧小平應順時造勢破舊立新

中共領袖鄧小平，最近遭年輕的孫子輩又叫又罵，又是大字報、又是砸小瓶子，真是太陽打西邊出來，天地變了，說小子無知吧，卻還玩真的，這從何說起？

一般來說，大陸老百姓對鄧小平和他的班子，反應本來都還不壞，因為他們有比較，這十年來鄧氏搞改革、開放，比之毛澤東時代是好多了。所以年紀比較大一些的，嚐過三反、五反、整肅、鬥爭苦頭的，被文革十年「革過命」的，多數不同意「自由化」分子直把矛頭對著鄧氏，認為這不公道，因為，他們認為當年毛澤東也好，四人幫也好，整臭老九、整黑五類分子，搞得死去活來的時候，除了自殺、苦挨之外，沒有一個知識份子或是「黑五類分子」敢反抗。今天，比過去不是好多了嗎？怎麼，還反？當然，普羅大眾有他們的一套看法，他們容易滿足，看得也近。

其實是鄧小平運氣不佳，正逢全世界民主潮流暴漲，連共產國家（包括蘇聯在內）都爆發了反抗浪潮，而鄧氏卻不知順應時勢，還搞四個堅持，那就只能說是咎由自取了。

現在，中國大陸的知識份子也好，這次搞學運的學生也好，最主要是反專制、反貪污、反官倒，到現在還沒要共產黨讓位子，這已經很不簡單了。他們還都只是在要求，中共也好，鄧小平也好，應該可以告慰了。想當年，中共鼓動學生們、學人們朝國民黨政府反飢餓、反迫害的時候，不也是這類口號嗎？今天中國共產黨的腐敗、貪污、萬稅、豪門，可並不比國民黨遜色，甚至有過之無不及，因此應該捫心自省，應該感謝這些小子們提早發警報，現在還來得及整頓，否則等到有人下「毒手」，那可就來不及了。

中國有句成語：「英雄造時勢，時勢造英雄」。姑不論毛澤東是什麼雄，可是，此人應該算是造時勢的，憑他一個圖書館員，能夠把中國共產黨的那些又留洋、又有學問的老一輩，整得立身無地，而躍居黨魁，而橫掃國民黨數百萬大軍，而君臨華夏，到最後，文革十年，已經是氣若游絲，語如蚊鳴了，還把文人學者、元老將軍們整得七葷八素，卻沒有一個人敢動他分毫，連搞掉四人幫都要等他伸腿之後，此等人堪稱一雄了。

可是，今天的鄧小平是時勢所造成的，所以，最近雖然有人提出所謂「新權威主義」的當頭，立刻就有人給準備成為「新權威」者以顏色。這就是政治的現實。這就像蔣經國，當初繼承蔣介石的政權，卻未能獲得全面的肯定，因為他是時勢造成的英雄；直到他最後的開創，他打破了專制的承傳，給予台灣的中國人以民主、自由與人權，才被人們所肯定。蔣經國做了幾十年的時勢造的英雄，而能在最後不到一年的時間裡，因創造時勢而享譽海內外，這就是所謂的一念之間。

天下沒有白吃的午餐，鄧小平過去幾十年之間的出生入死也好，三上三下也好，不過都是替中國共產黨、替毛澤東付出代價；這十年來，也還只是承繼，並沒開創出新的局面，至少比戈巴契夫不如。因為戈某敢於接受民主挑戰，敢於面對各加盟國的示威、請願，敢於把黨中央一百多個元老靠邊站，可見他有開創立新的氣勢。以彼類此，今天，鄧小平正應該借著學生學運方酣之際，一鼓作氣的破舊立新，掃蕩貪官污吏，整肅官倒黨棍，充分開放民主，做一個真正創造時勢的真英雄，海內外華人都拭目以待。

洛杉磯「國際日報」社論（一九八九年五月六日）

十七、大陸學潮發展成民主運動的省思

在中國大陸，不管是幹部還是民眾，都說「文革十年」讓中國倒退了十年。其實，倒退不止十年，至少是五十年，因為「文革」亂整了十年，把那些以二、三十年，甚至四、五十年時間搞學問、做研究的學者、專家，整死的死，整殘廢的殘廢。拉個平均，算白過二十年，文革之後，收拾殘局，至少要花二十年。說五十年，還不算那些砸爛的名勝古蹟和千年文物。

這次，學潮發展成民主運動，由於中共的官僚作風，又引發為黨的內鬨，迄今雖未完全結束，但已是低潮。為時雖短，但，因為十足的暴露了中共的本質，加上頑固保守的死硬派得勢，中國至少得倒退十年。

老實說，這次學生運動，提出的目標非常平實，作法也極為溫和，如果不是有心讓它變質的話，確是一個以人民為主的共和國風格，相信只要有一個黨或政的頭頭說說話，就可以平安過關的，沒有想到會有那麼遲鈍的反應；反應了，又是那樣的僚氣，結果把事情鬧大了，一個小癤子，變成了碗大的爛瘡。中國人何其不幸！

事情發展的前後過程，香港的電視、報刊上最清楚，所以港澳的中國人，這次對學生支持最熱烈，中共那些幹部的表現，也讓港澳人看得最切齒。

當然，現在因學運，轉而為黨爭，雖是中共的「內政問題」，可是中國人的民主、幸福，又得被埋葬多少年？

本來，中共的舵手曾經告訴中國人，「天掉下來有胡耀邦頂」，結果，姓胡的靠不住，先栽了；現在又說是姓趙的也靠不住，說是看錯了人。這就給中國人很大的難題了。共產黨的總書記，會搞「反黨」，會搞「分離黨路線」，那要黨員、要人民跟誰走？

我們有一個感覺；其實是事實；越是跟舵手接近的人，越是容易反黨。毛澤東時代的林彪，本來預計是接班人，還上了憲法的接班人，結果反了。而鄧小平預計胡耀邦是接班人，結果又說他反了。現在又說趙紫陽反了，這不是很可笑嗎？時到今日，舵手是不是可以告訴中國人，那一個人不會反黨？其實，以鄧老先生來說，如果過去不是被毛舵手認為反黨、反路線，就不應該三次靠邊站的。可見，人，都會有其個人的才智和眼光，既是要他作為繼承人，只能給他目標，別去管他步行還是乘車。鄧舵手這十多年之所以能得心應手，就是因為後面沒牽線人。老是想把接班人當「同治」或是「光緒」，恐怕最後總要出一個「宣統」的。

這次學生把矛頭指向鄧老是失敬的，可是李鵬總理的氣勢，也真是太失人心了。港澳的中國人，之所以會出動人口的五分之一、十分之一參加大遊行，而且大把的捐錢支持北京學生，除了擔心香港九七後的命運之外，和看那不順眼的臉色大有關係。

學運變成趙紫陽的悶頭棒，這是藉口。學生成了黨的犧牲品，也是霉透的事。如果消息沒錯的話，趙紫陽應該是栽在那天在政治局常委會的五項建議上，尤其第三項：要公布副部長以上高幹的財產；和第四項：要把搞官倒的兒女們的公司行號賬目公開，還要由各階層代表來審查。這當然是要犯眾怒的。所以，不但各省的領導階層擁護李楊講話，各軍區的頭頭要對李楊效忠，就是各級領導的夫人小姐也要反趙的。

怎麼鬥趙紫陽和他的那伙人，這是中共的內政，外人不便干預。但是學生是無辜的，就算趙紫陽是「黑手」，舵手也是事後才知道，才後悔的，不能怪年輕人跟他走，希望能放他們一馬，別「秋後算帳」。年輕人為了要救這個苦難的國家和人民，已經夠折磨的了。

再就是趕快解除北京的戒嚴，那是對國家形象無可彌補的損害！中共這次所有的措施，從新聞封鎖，到自爆內鬨，把過去十多年的「修煉」全毀了，好自為之吧！

洛杉磯「國際日報」社論（一九八九年六月一日）

十八、從天安門慘案看所謂社會主義的優越性

從前，我們一直很懷疑，社會主義在所有共產國家都行不通，連蘇聯都在修正了，為什麼，中共就一再要堅持，一再強調「社會主義的優越性」。現在我們知道了，從北京屠城事件中，我們獲得了「啟示」。

凡是在中共政權統治下的人民，不服從其統治者，或是對其統治有異議者，可以派軍隊鎮壓，可以用機關槍掃射，還可以用坦克車把他軋成肉泥。只有社會主義，有這個優越性。

因為受社會主義優越性的培養、薰陶，可以弄虛作假而不臉紅氣喘，可以睜眼說

瞎話而毫無羞恥感。

可以不按本子辦事，黨、政組織規程、法律規章、甚至國家憲法，都可以因本身需要而隨意變更。尤其損害到自己的權力的時候，可以六親不認。

前些日子，我們還討論過大陸有人提出要建立新權威。認為這已是不可能產生的了，像鄧小平這類人，需要開創時勢。沒想到，他之所以要堅持社會主義，就是要利用其「優越性」，創造他的新權威。

鄧小平不是答應香港將來搞資本主義，可以五十年不變嗎？他是喜歡傳統的。所以他搞社會主義，也是五十年不變。香港五十年可以馬照跑、舞照跳；中國大陸五十年則人照殺、帽照扣。看吧！最近這些日子，中共統治中國幾十年來的法寶全出籠了。媒體上、官文書上，對「反革命」分子所羅織的罪名；報導「動亂」的用語、詞彙：緝拿、公審、處決「罪犯」的方式，全都五十年不變。殘忍、狠毒是老樣子，胡說八道是老一套。

但是，世界進步了，中國共產黨的這一小撮人沒進步，所以鄧小平沒有毛澤東幸運。時代變了，國際的思潮變了，這該是鄧小平的「時運不濟」吧？

毛澤東在胡搞的時代，正是全世界共產國家都拉下鐵幕的時候，又是大戰初息不久，自由世界都自顧不暇，人權思想沒現在這麼發達。傳播媒體、通訊工具都沒有現在這麼普遍、靈敏。所以儘管毛澤東關了門打孩子，還是殺孩子，街坊四鄰，最多是側側耳、探探頭，沒人會上門過問。現在可不同了，不但敵對的國家要過問，友好的國家也不會打馬虎眼。傳播媒體爭着作報導，電視影象，一秒千萬里，事實就是事實，圖照為證，要賴就更出醜。因此，鄧小平如果想要狠而成為新權威，那帶血的雙手，也將讓子孫蒙羞，全世界嗤之以鼻。

李鵬不是認為對搞民運的年輕人，「已經到了無路可退的程度，再退就要把中國送給他們了。」說說看，那些學生、知識分子、小市民，為什麼會逼得李鵬這伙人覺得「無路可退」？「把中國送給他們」，「中國」該是誰的？「他們」又是誰？這中國本來就屬於他們的，不是鄧家的，不是李家的，也不是楊家的，「他們」是年輕的一代，國家遲早是他們的，他們轟你，因為你們把國家搞糟了，這有什麼好賴的。日本的田中角榮、中曾根、竹下登，是給人民轟下台的；南韓的李承晚、全斗煥，不都是給轟下台的嗎？可並沒有一個想過用軍隊、用坦克、用機槍屠殺要他們下台的人民。

李鵬還說，「在近兩個月的時間裡，黨、政府和軍隊採取克制的態度，這是世界上還找不出這樣的國家。」多委屈！用坦克車、機關槍屠殺手無寸鐵的人民，在「這世界上」的確「還找不出這樣的國家。」但，如果像南韓學生那樣，一連搞了將近兩年的「反革命」，盧泰愚總統豈不是要用核彈來對付嗎？

中共新當權派，在所謂「社會主義優越性」掩蓋之下，所搞的暴虐、無恥行為，不但給中國人臉上抹黑，也給中國的歷史文化抹黑。

暴政和獨夫作孽的下場，史冊上記載不少，中共黨史上亦都斑斑可考，中共當道行將就木的諸老可為殷鑒。勿頑、勿愚、勿自欺欺人！勿逞一時意氣。須知，「社會主義優越性」縱能救你一時，卻也能毀你於永久！

洛杉磯「國際日報」社論（一九八九年六月二十一日）

十九、權力不能代表人生的價值

對趙紫陽遭整肅的看法

在鄧小平的四個堅持之下，終於又把另一個不肯堅持「反資產階級自由化」的接班人給整垮了。其實胡、趙兩個接班人之慘遭狠整，可能是榮膺接班人而樂昏了頭，以為可以甩掉「老佛爺」一展抱負，以致立遭毒手；也可能根本沒有弄懂所謂「反資產階級自由化」的真正意圖，因而被整肅了。

共產黨本來就喜歡在名詞上兜圈子，這圈子也埋葬了不少人。所謂「反資產階級自由化」，用白話來解釋，就是「反對民主，反對自由，反對人權，因為這些都是資產階級所搞的玩意兒。」由於鄧小平這些老人幫們，認為他們當年「搞革命」，是把頭顱掛在褲腰上的，好不容易得了江山，怎麼可以給共產黨以外的人分享？怎麼可以讓別人和他平起平坐的談民主、說自由？至於共產黨一向所標榜的「人民民主專政」，不是就已經清清楚楚的告訴你：人民所要的民主，一定要在專政之下的民主；所謂專政，一是共產黨的專政；再就是個人的專政，過去是毛澤東，今天，當然是鄧小平了。

北京所以要屠城，就是要屠掉那些搞「資產階級自由化」的「反動分子」；黨內所以要整肅，是要整掉那些不反資產階級自由化的分子。現在不是挺平靜了嗎？雖然有許多人覺得血腥，其實在鄧小平、楊尚昆這些人眼裡，「人」算什麼，尤其在中國，一千人，一萬人，都只是少數的少數。「革命沒有不流血的」。所以學生搞示威，沒幾天就準備派軍隊鎮壓了，因為鄧小平的心目之中，會搞示威，就是有人反對他的統治，要反對他，他就得給你顏色看。無疑的，鄧小平認為他的十年開放，是對大陸人民的德政，是人民的恩人。而今卻被恩將仇報，當然惱羞成怒。武力鎮壓，一方面為了表示他的統御超過毛澤東，再就是他要保住他的江山。

北京，雖然又開始一個調子的歌功頌德了，但只要看迄今數十萬大軍還沒有撤退的跡象，可見，鄧小平和他的一伙，深知火山不噴火並不表示火山不會再爆發的。在坦克和機槍鎮壓之下，識時勢者才能留活命。在中共政權下生活，歷練了四十年的人民，必然會適應那環境的！

很多人為這次被整肅掉的趙紫陽惋惜。其實，以一個十三歲就開始當「紅小鬼」的老共產黨員，能幹到黨的總書記，就算是傀儡，也要在共產黨裡翻多少個跟斗，見多少腥風血雨，才能夠爬上這位置的，難道以如此閱歷的人，對他自己的一舉一動，能沒有經過一番思考，一番權衡？一定有的。相信他的決定，比李鵬聰明，比楊尚昆聰明，當然比鄧小平更聰明。

學生和人民所要求的是民主、自由、肅貪和打倒官倒，這是時勢所趨。共產黨所要採取的壓制手段，趙紫陽當然清楚，明知道所採用的手段，違逆時勢，違反人道，縱能壓制於一時，亦不能壓制於久遠。以一個黨的總書記，將來是要背負所有罪責的，勢必成為歷史的罪人；反過來，支持學運、民運，萬一失敗了，最多被整、被宰，但是，就中共黨史看，多少血海沉冤，在人事變動之後，多數能平反，就算不能平反，不過是一黨罪人。相衡之下，他寧可反鄧小平，因為，他了解共產黨，了解鄧小平，了解他自己的地位，更清楚世界潮流，和人民的意願。千古以來，頌辭是臣僚寫的，歷史卻是人民寫的，他寧可以一時的權貴作賭注，以換取歷史的長遠馨香。這點，學生的悼念胡耀邦，不能說對他沒有啟示作用。

「人生自古誰無死？」人總是要死，而能死得其時，死得其所，亦殊不易。如果，鄧小平屠城之前死了，和在今天或今後死了，其價值豈非天壤之別？而李鵬、楊尚昆雖能安於其位，相信他今天的人生價值，較之嚴家其，較之吾爾開希和柴玲這些年輕人，要遜色多了，這也就是說，權力並不能代表人生的價值！趙紫陽他看清了這一點！

洛杉磯「國際日報」社論（一九八九年六月二十八日）

二十、善惡到頭終有報．祇是來早與來遲

中共當權者應為血腥鎮壓深思猛省

北京市長陳希同受中共「國務院的委託」，對全國人大常委會所作的「平亂」經過報告裡，至少有兩次認為：「人民群眾和青年學生對於黨和政府在工作中的一些失誤、一些國家公職人員中的腐敗現象，以及社會上的分配不公等問題，也提出了許多批評意見，同時在推進民主、健全法制、深化改革、克服官僚主義等方面，還提出

了不少的要求和建議，這些都是正常現象，也是黨和政府正在採取措施加以解決的問題。」還有，善良的人們提出，學生鬧得這麼凶，是不是政府對他們理解不夠、體諒不夠、讓步不夠？事實完全不是這樣，從動亂一開始，黨和政府就充分肯定了廣大青年學生的憂國和憂民之心，充分肯定了廣大青年學生提出的促進民主、深化改革、懲治官倒、消除腐敗的要求，同黨和政府的願望是一致的，並且希望通過民主和法制的正常程序解決問題。也就是「肯定」學生群眾是對的。

除了這兩點，說的還有點人話之外，其餘的那些一大堆反反覆覆的原因、理由，老實說，都極其牽強，而且可以非常明顯的看出大屠殺是蓄意、預謀的。其最主要的動機，就是李鵬在講話中所指的：學生、群眾「散播了謠言、攻擊、污衊、謾罵黨和國家的主要領導人。現在已經集中地把矛頭指向，為我們改革開放事業作了巨大貢獻的鄧小平同志。」。

所謂「黨和國家的主要領導人」，當然就是指他自己和楊尚昆在內，海內外的中國人，都叫喊著要他們下台。而他卻把老鄧推了出來，看似是為了替「改革開放事業作了巨大貢獻的鄧小平同志」抱不平、效忠，其實是把鄧拖下水。

因為戈巴契夫肯還就老朽而屈尊訪華，在鄧小平說本來是最意氣風發，最超毛的大事，竟被無知豎子搞砸鍋了。

「周公恐懼流言日，王莽謙恭下士時。倘使當時身便死，一生真偽有誰知？」如今，鄧小平是完了，過去十年改革，浪得虛名，這次可全現了原形。既要開放，又要四個堅持，幹嗎？是要永保獨裁基業？

這次「動亂」，據陳希同的報告說：「這場動亂還有一個特點，就是它已經不局限於高等學校，也不局限於北京地區，而是向着全社會和全國各地擴散。胡耀邦同志追悼會結束後，一些人到中學、工廠、商店、農村、串聯、上街演講、散發傳單、貼標語、搞募捐，千方百計擴大事態。……從五月十五日開始，上街遊行聲援學生的群眾一天比一天多，聲勢一天比一天大，從幾萬人、十幾萬人發展到幾十萬人，全國各地還有二十多萬學生趕來聲援。」真是像滾雪球一樣，越滾越大。而「偉大的共產黨」成了過街老鼠，不過，學生和群眾，似乎還滿有政治警覺，始終沒有觸及反對共產黨，只是要拉搞獨裁專制的個人下馬。

可是，中國共產黨就是中華人民共和國，鄧小平、楊尚昆、李鵬就是中國共產黨的化身，誰反鄧李楊，誰就是反黨，這是辯證邏輯。現在可全「打洞」了，全「壓扁」了，誰還敢反？

現在，大家都在耽心中國的經濟會衰退，中國的建設會落後。相信鄧小平、李鵬這些人只要保住江山，什麼都不怕，能倒退五十年最好。至多像一九五九到一九六一年那樣，餓死三兩千萬人又何妨？反正中國有的是人，人多了要吃飯，人多了要遊行，要搞動亂。餓死人要比節育好辦。

不過，我們要忠告當今中共的當權者，「人民的眼睛是雪亮的」，會有這麼多人被「煽動」起來反抗，自己還是要檢討，把責任推給美國、台灣、趙紫陽或方勵之，都是在自己騙自己。鄧小平不是說過嗎？「如果自己有錯誤，就要進行認真的自我批評，並且切實改正。誰要是堅持錯誤不肯改正，就不能擔負思想工作的領導責任。」從前的皇帝還是要罪已的，光是用殺人是不能過日子的，一個多月了，軍隊還不撤出首都，「反動」情況之嚴峻可以想見了。現在全世界所關注的，還只是北京一地，其他城市究竟被胡整到什麼程度，我們還真不敢想像！

所謂「善惡到頭終有報，祇是來早與來遲」，此話雖然是俗了一點，也迂了一點，但總是前人經驗的積累，願中共當局能深加體會！

洛杉磯「國際日報」社論（一九八九年七月十三日）

二十一、十一億中國人的桎梏亟待撤除

從法國大革命兩百週年紀念談起

七月十四日法國大革命二百週年大遊行，在一、二萬人的行列中，領頭的是中國民運、學運的部份領導人和留法學生，演出的是北京民運遊行的情況，引導這些隊伍的是幾十個打赤膊、勁裝打扮、胸腹上寫著中國字「民主、自由」的義大利人。這畫面，相信除了中國大陸之外，世界各國都能見到。外國人重視中國搞民主運動，有人覺得很滿意。尤其法國，對中國強烈抗議他庇護流亡的民運、學運人士，根本置之不理。樹立民主女神、民主之家開幕，巴黎市長、文化部長、教育部長都親臨參加，很給中國的民主運動捧場、打氣。我們除了樂於接受這種雪中送炭的鼓舞之外，也為中國共產黨悲哀，為中國人悲哀。

中國從一九一一年孫中山先生領導國民革命推翻滿清帝制，迄今已七十八年，而中國人卻還在專制政權的桎梏之下過生活，過著由一個獨夫掌握生殺大權的生活，能不悲哀嗎？全世界不少國家都同情中國的民主運動、支持中國人爭取民主，但，什麼是同情？同情就是憐憫，就是可憐中國人到現在還在以血肉之軀，為爭取自由、民主、人權，和專制政權、暴虐獨夫拚鬥。中共政權，四十年來，在國際事務上，除了學到一句「干涉中國內政」之外，看到這種畫面，不知道還能體會出個中含意否？

在巴黎，除了大革命的紀念之外，還舉行七國高峰會議，在這七國之列中，有二次世界大戰的二個戰敗國，日本和西德，而作為二次世界大戰戰勝國之一的中國，有十一億人口，幅員廣達九百六十萬平方公里的大國，卻在那裡搞權力鬥爭，搞屠殺人民，搞消滅異己，作為中國人，能不悲哀嗎？

中共建政四十年來，據鄧小平說：「任何一個集體都要有一個核心，沒有核心的領導是靠不住的。第一代領導集體的核心是毛主席。因為有毛主席作領導核心，『文化大革命』就沒把共產黨打倒。第二代實際上我是核心，因為有這個核心，即使發生兩個領導人的變動，都沒有影響我們黨的領導，黨的領導始終是穩定的。進入第三代的領導集體，也必須有一個核心，也就是現在大家同意的江澤民同志。什麼事情總要有個比較，比過來比過去，輪到他了。」

可以看出，鄧核心很滿意。毛澤東搞「文化大革命」，沒把共產黨搞垮，鄧祇說兩個接班人沒能接上班沒出問題，沒敢說天安門屠城沒把共產黨搞垮，因為還得走著瞧的，一年、兩年，誰都不敢想。可是，他又給江澤民吃下了毒藥。胡趙兩個接班人，不但沒「頂到天」，可都沒好下場。趙紫陽是李鵬、陳希同這些人在狠整他，為什麼？無疑是為那接班人的寶座，現在卻落到江核心的身上，李鵬這一小撮人能甘心嗎？江澤民雖然從「接班人」改為「核心」，而且經過比來比去的，而今而後，不但江澤民要當心，連老百姓都得當心。事實擺在面前，要鬥倒趙紫陽，拿許多學生、老百姓來殉葬，將來鬥江澤民，當然也許是江澤民鬥李鵬，必然會舊戲重演。跟總書記的、跟總理的、跟主席的，都可能一夕之間被戴上「反革命」、「反黨」的帽子！

從大屠殺之後，沒聽說中共檢討過激起「暴亂」的真正原因，要有，祇是一切都要趙紫陽負責，總理似乎一點行政上的責任都沒有。甚至趙紫陽在天安門廣場對學生說：「你們還年輕，來日方長」，「你們不像我們，我們已經老了，無所謂了」。都成了「表明他同黨對抗的態度」。這是多可怕的羅織！「鄧小平對政治局黨委新班子的談話」說：今後「人民民主專政不能丟，但是對於專政可以少講，或只做不講。」也就像現在抓、殺民運分子一樣的，只做不說。反正動亂全是趙紫陽不夠專政；是美國、是台灣、是方勵之、李淑嫻這些人搞起來的，所以「現在不要糾纏責任問題，一切責任問題過兩三年再談。現在沒必要花那麼大精力幹這些事情」。「就是平息暴亂要抓到底。這是好機會，一下子就把全國非法組織取締了，這實在是好事情。處理得好，就會取得一個很大的勝利，對於罪大惡極的不能手軟。」這就是第二代核心給第三代核心的秘笈。

當然現在不能談「責任問題」，談責任，誰都脫不了關係，如果這政權還能維持二、三年，那時候因為有「很大的勝利」，大家也就不追究了。但是，這樣的政權，即使是兩三年，中國人還能有好日子過嗎？十一億中國人的桎梏亟待撤除。

洛杉磯「國際日報」社論（一九八九年七月十九日）

二十二、不要記仇，不念舊惡

向中共領導班子進一言

鄧小平曾經很冠冕堂皇的說：「我們現在的路子走對了，人民高興，我們也有信心。我們的政策是不會變的，要變的話，只會變得更好。對外開放政策只會變得更加開放。路子不會越走越窄；只會越走越寬。路子走窄的苦頭，我們是吃得太多了。如果我們走回頭路，會回到哪裡？只能回到落後、貧困的狀態。」

以現在北京的所為，和這些話對照，簡直是言行不一，那麼我們對於這段話，祇能做兩種看法：其一是，根本不是鄧某的心意，而是寫講話稿子的師爺，替主子裝門面，寫了這麼一段，鄧小平照唸了事，吹的時候一陣風，料不到白紙黑字，事後有人要算帳的。其二，根本就是故作開明，存心欺世。

其實，鄧小平主張走開放的路子並沒錯，老百姓自始至終都沒有反對過開放路子；學生、知識份子更沒有反對過開放路子；人民、學生們反對的是假開放之名，搞官倒、搞特權、貪污腐化。而現在中共當局卻不反省貪污腐化的因，竟認為因開放而引來了資產階級自由化，又極力的把這些責任推到趙紫陽頭上，走回頭路、走極左的死胡同。可是，趙紫陽雖然做了代罪羔羊，鄧小平之說話不算話的帳還是除不了的。

鄧小平還說過：「我們現在一方面是知識份子太少，另一方面有些地方，中、青年知識份子很難起作用。落實知識份子政策，包括改善他們的生活待遇問題，要下決心解決。」

看起來好像第二代核心比第一代毛核心要愛才、惜才。可是，這些中、青年知識份子僅僅準備起一次作用，還是餓著自己的肚子，用自己的性命來要求讓他們可以說真話，讓當政的、有權的能肅清貪污、消除官倒，就吃不消了，就要殺他們、抓他們、嚴刑拷打他們，還要他們起什麼作用呢？

不錯，「知識份子太少」。有沒計算過，從中共建政開始到今天，中共糟蹋了多少知識份子？可曾反省過，因文化大革命而死的有多少知識份子？這次在天安門廣場犧牲了多少知識份子？不但是知識份子，而且是知識份子的精英！

鄧小平又還說：「有的人老以為自己一貫正確，鬧新的山頭主義，任人唯親，用自己的好惡作標準來看幹部，對自己好的就拉過來，不好的就排擠，總想自己搞一幫人，總以為不搞一幫人就辦不成事情。」

有沒想過，「鄧核心」本身就是一個「老以為自己一貫正確」的，他自己不是說過嗎：「第二代實際上我是核心。因為有這個核心，即使發生了兩個領導人的變動，都沒有影響我們黨的領導，黨的領導始終是穩定的。」為什麼會有「兩個領導的變動」？這兩個領導是誰找出來的？找這兩個出問題的領導的人，是不是應該負「知人不明」的責任？這算是「沒有影響黨的領導」，算是「黨的領導始終是穩定的」嗎？既然黨的領導沒影響，黨的領導給終穩定，那麼，四中全會的公報中指責趙紫陽的「在黨和國家生死存亡的關鍵時犯了支持動亂和分裂黨的錯誤」，是怎麼來的？指趙紫陽「主持中央工作以來，消極對待堅持四項基本原則，反對資產階級自由化的方針等工作，給黨的事業造成嚴重的損失」，又是怎麼回事？

事實上，趙紫陽的領導有問題，鄧小平應該要負全責的。「鄧小平對政治局常委新班子的談話」裡，不是說過嗎？「我在跟李鵬、依林同志談話時說過，新的領導一經建立有秩序的工作以後，我就不再過問、不再干預大家的事情。」既是「不再」，那麼一定是有過問、干預的前科的，既是過問、干預了，出了問題，該誰負責呢？何況，用胡耀邦、用趙紫陽，都是鄧某選的接班人，算不算搞山頭主義？把胡、趙又搞下台，算不算「用自己的好惡作標準來看幹部」？

要經濟開放，可以賺鈔票；政治又要獨裁，可以自己為所欲為，天下那有這便宜事？舊小說裡寫名妓賣面不賣身，那是替梁紅玉、小鳳仙她們臉上貼金的，誰相信？這如果行得通，蘇聯何必開放？

據北京消息：中國外交部召見英國駐華大使，要求英國政府取締「香港市民支持愛國民主運動聯合會」，制止播映吾爾開希的電視講話。一個建政四十年的政權，一個有四千七百萬黨員的黨，一個「領導始終穩定的黨」，基礎是那麼脆弱，經不起一個二十一歲的年青學生的批評，那是多丟人的！

末了，還是用鄧小平的話，奉勸鄧及其班子：「講話要算數，不搞小動作」，「對同志不要記仇，要不念舊惡」。我們認為，對老百姓更要如是！

洛杉磯「國際日報」社論（一九八九年七月二十六日）

二十三、從事革命要有前人種樹的精神

向中國大陸民主運動領袖進一言

七月二十七日，香港一家報紙報導說：天安門廣場學運總指揮柴玲在深圳被捕，不少讀者望著報紙哭了。柴玲和香港讀者非親非故，他們為什麼哭，相信這和前陣子許多電視觀眾，看到天安門廣場絕食的學生一個個昏倒，看到學生和群眾一個個被槍彈打傷、打死，而掉淚、哀傷，同樣是出於憐憫、關懷、痛心。還好當天的晚報就否定了這消息。因為柴玲的一聲「我是柴玲」的錄音廣播，大家知道她還活著，讓多少人流淚，也叫多少人歡呼。為什麼？因為她代表年輕的一代向極權挑戰，向獨裁者爭民主。因此，他在大家的心目中，成了英雄。她做了許多人想做，而不敢做、而沒機會做的事。那是要用自己的血淚、性命來做的事，所以大家崇敬她、愛惜她。當然，除了柴玲，吾爾開希、王丹、李祿、嚴家其和那個獨擋坦克車隊的王偉林等等都是。

吾爾開希、嚴家其、李祿等人，很幸運的逃出「魔掌」，在巴黎露面，還在芝加哥參加了中國留學生的民主運動集會。這也讓多少人興奮、讓多少人得到鼓舞。不過也有使人不悅的事。據香港電視訪問一位大陸留法的學生對大陸學運的看法，大意是說：要搞革命，就應該抱定犧牲的決心，像這次天安門廣場的學生領袖，每個人先分了多少「逃命費」，這就不是搞革命應有的行為。其實這件事，出錢的香港「支聯會」還派人調查過，都認為是可以理解的，還增加了支援，而遠在法國的那個留學生，竟在打著革命的官腔，我們覺得其心可誅！

另外一則是香港報紙報導的芝加哥「全美中國學生學者代表大會」，一位台灣的留學生，表示對吾爾開希自視過高，開口閉口代表大陸學生，認為極其反感。關於這一點，我們有兩個看法：第一，不管怎麼說，吾爾開希是由北京「高自聯」選出的領袖，是不會錯的，有電視紀錄可以為證，今天的傳播媒體，既把中國的學運統稱為北京學運，那麼指北京為全國，應該不會錯；至少比今天在台灣被稱為「老賊」的那些中央民意代表具有代表性。何況他是貨真價實從血海肉泥中撿得性命，他不能代表中國學生，誰能代表？以嚴家其在學術上的地位，處處都對吾爾開希謙讓，為什麼？因為吾爾開希代表的是中國開展民主運動的所有學生。第二，以一個年僅二十一歲的大學一年級的學生，對於他的一言一行不應過於苛求。為什麼革命需要青年，要的就是那股熱情、無畏的勇氣，和率真的性格。

由這位台灣同學的批評，再看看台北七月二十八日的報紙，一則芝加哥的電訊說：「台灣清華大學畢業，現協助大陸籌備大會的徐威說，推動大陸民主化是所有中國知識份子的責任，台灣留學生也應付出心血，共襄盛舉。但徐威同時也感歎，台灣留美學生為數最多，但絕大多數比較『實際』，或許對大陸民運表示關切，但願親自參與、奉獻心力的，可能寥寥可數。」這更可以了解，今天不僅有不少台灣留學生，甚至在台的中國人，都已經自外於中國大陸，令人浩歎。

對於推動大陸民主運動的領袖們，我們也有衷心的奉告，須知，一個政治革命的成功，是要經過長期的奮鬥和無數的犧牲的。當年孫中山之推翻滿清，先後經過了十九年的努力，九次的失敗；即中共之擊敗國民黨，前後也經歷了二十多年，如果不是日本侵華，可能時間還要更長。在這段時間裡，組織的成員，要用智慧、用耐力和無私的愛國心來團結一切可運用的力量，要不爭功、不委過，要嚴防分化、嚴防傾軋、嚴防被滲透。對於財務的處理要慎防紊亂。一個團體最容易陷於分裂、消沉的是「權」與「利」，作為革命者，要有前人種樹的精神。

洛杉磯「國際日報」社論（一九八九年八月三日）

二十四、記取慘痛教訓、延續民運香火

八月十四日，台北一家傳媒，專訪美國大西洋委員會的資深研究員文厚博士，他是中國軍事問題專家，曾任美國駐華武官，對中共及大三角戰略均有相當研究。他對於當前中美關係，世界各國對中共態度的看法，值得中國人注意，尤其正在推展中國民主運動的人士更應注意，雖然這些問題，大家都早已經想到了。

文厚認為：天安門事件，中共政權犯了錯誤，學生也犯了錯誤，中共為世界製造了這個問題，美國為此事件中的死者感哀痛，宣布制裁中共，我不知道這是否會造成雙方關係重大的改變，問題是，在這一段哀傷期過後，美中雙方的感覺是否能盡復舊觀。美國盡管因哀痛而宣布制裁，但中共完全不認為值得哀痛，中共認為他們保全了他們的世界和秩序，這只是一個花費很大的冒險。據此不同的觀點，雙方保持一個距離是正常的。但大約在一年左右，我們會逐漸看到雙方一些活動在恢復，大致如天安門事件以前。因為國家間的關係，大致是依特定個體之間的關係。而天安門事件後，一些涉及事件的人會消失，或者逃匿起來，或者遭到貶抑，人事將全非，而雙方關係的品質將不同於事件前。而人的關係也要重新培養。

至於世界其它國家大概要多久才能走出天安門事件的震撼中，重與中共修好。文厚認為，這事實上已經開始了，只要中共願意，只要中共開始或改變政策。

政治是現實的，也是無情的，雖然天安門事件迄今不過七十多天，民運英烈的血漬未乾，許多人還生死未卜，而國際間為了本身的利益，已在改變個把月前義憤填膺的態度，或正待改變態度者已不在少數。最顯著者，如南韓，如日本，如英國。其實，並不需要文厚所估計的一年。因為有不少國家不願意失掉這龐大的市場，一開始就打著「不願意讓中國人民更苦」的旗號，堂而皇之的和中共現政權接近。

國際情況如是，情有可原，而作為中國人，認為大屠殺是可理解的，何嘗沒有。而最不可理解的，我們認為是台灣的體育團體，竟然在亞洲各國都在相互觀望的時刻，率先決定派「手球隊」前往大陸，這個口口聲聲「中國唯一政府」，在天安門廣場鮮血尚未乾涸的時候，就迫不及待的要派隊趕著去幫場；這個政府屬下的領受幾十年薪俸還死不退休的大陸各省「中央民意代表」，居然也悶不吭聲的同意這麼做，豈不叫所有中國人痛心！

天安門事件是中國歷史上的大慘事，但也是炎黃子孫大團結的催化劑。中華民族是多災多難的民族，也是最能委屈自己、逆來順受的民族，在國內如此，在國外何嘗不是如此。現在變了，天安門烈士的血，促使中國人覺醒了，在以往，左右派在香港是涇渭分明，在那段日子裡，香港沒有左派了，相信不少地方都是這樣。不論男的、女的、老的、少的，全心全意灌注在中國各地的學運情況上，這是史無前例的。可是，中國人善忘，容易寬恕罪惡，容易屈服於暴政。毛澤東搞暴政的時候，人民懷念蔣介石，鄧小平搞大屠殺的時候，人民又想起了毛澤東。就因為這樣，所以我們要提醒在美國、在歐洲搞民主運動的中國學生、學者們，要嚴組織，慎選成員。中共政權，不是當年的滿清政府，不是國民黨政權，不是光喊口號就會垮台的，要組織本身能發揮力量；國際力量也僅僅是助力，要本身夠條件，助力才能發揮作用。在中國境內，有心於民運的人士，經過六四慘痛教訓，不可能如想像中那麼一擊即發，究竟是生活在矮屋下，他們要生存，也要保藏這股力量。

目前的工作，似乎拯救被困的學運、民運精英是要務；濟助學運、民運受難者的家屬，以及因這次行動，絕食而受傷、受害者的醫療費用，比之草率的再行動更重要！

洛杉磯「國際日報」社論（一九八九年八月十一日）

二十五、海外民運人士應加強團結

從六四天安門慘案百日祭談起

九月十二日，是「六、四」天安門慘案百日祭，世界各地華人，中國留學生，都有不同形式的紀念，中國人對民主的祈望，可以說人同此心，中國人對中共暴政的痛恨，也是共同一致的。

直到現在，還有不少人，甚至極資深的中共黨員，和向來極傾心於中共的高級知識分子，還在搖頭歎息，還在嘀咕著鄧、李、楊集團，怎麼會殘酷到這地步！確是不可思議，但又的確是事實。

一九二六年三月十八日，在共產黨人李大釗、趙世炎的組織領導下，北京大學生和各界人士五千多人在天安門廣場集會，為抗議日本軍艦炮擊大沽口，要求段祺瑞政府以強硬態度駁回日本和列強提出的要國民軍撤除塘沽防務的最後通牒，並驅逐簽署通牒的各國公使。當請願群眾經過執政府門前時，段政府下令開槍射擊，並用馬刀、刺刀砍殺，造成四十七死、二百多人受傷的「三、一八」慘案。

段祺瑞屠殺手無鐵的請願群眾之后，為了逃避罪責，顛倒黑白的，誣稱「暴徒數百人，手提槍棍，闖襲國務院，潑火油、拋炸彈，手槍木棍襲擊軍警」，軍警因「正當防衛」以致造成死傷。

魯迅把這段歷史的三月十八日，稱為「民國以來最暗的一天」。

其實，以當年三月十八日的傷亡人數與今年「六、四」相比，簡直不成比例，尤其可笑的，三月十八日領導人之一的趙世炎，正是指揮「六四」屠殺手無寸鐵的學生和民眾的李鵬的舅父，歷史也真會作弄人！不知道中共御用的文痞，又要把這一天叫什麼天？

所謂「百日祭」應該是「慟止」之日。也就是說，人死了，過一百天，可以停止哀傷了。可是，現在能嗎？死的人，雖然有的是求仁得仁。但，中共集團還在搜捕、凌虐那些參與學運、民運人士。依中共一貫的作風，可以了解，已被捕者，生不如死；未被捕者，必定是上天無路，入地無門的惶惶然不可終日。那些在「六四」前後，參加行動而受害的家屬和本人，無可避免的，要受到牽連或斷絕醫療的，這些人，今天的境況，也一定是呼天不應，叫地不靈，這是多悲哀、傷痛的日子，稍有良心的人，能止慟嗎？

據各方傳來消息，目前世界各地，熱心於中國民主運動的組織不少，無疑的，將成為各據山頭的局面，此不但分散了力量，更將相互抵消力量，這對民主運動來說，不是一個好的開始！而且，可以想見的，現在所有的這些組織的成員，不少是「即與」的參與，將來能起什麼樣的作用的確很難預估。

不過，中共港澳辦公室副主任，十一日對港澳記者說的一句話，倒是值得在海外搞中國民運的人士注意的，他說：「中國共產黨是罵不倒的」。而目前這批死硬派當道，要「資產階級自由化」，必定不可能，要想倚靠國際力量，促成中國民主、自由，看看今天美國、日本、英國的表現，更可知是緣木求魚。那麼該怎麼做，大家應該心裡有數。

在天安門廣場的時候，大家會熱血沸騰，都不惜一死。今天離開了天安門的人士，還能有那心嗎？「殺身成仁易、從容就義難。」文天祥之可貴，在於從容就義，秋瑾之可貴，在於從容就義。當然，現在不是希望大家都從容就義，而是希望所有海外的民運人士，能捐棄各自為政的心理，同心一德，團結一致，共同為點燃埋藏在大陸的民運火種而努力！

洛杉磯「國際日報」社論（一九八九年九月十三日）

二十六、國民黨塑造新形象不如樹立新作風

據報導，國民黨要接受英國和美國兩家傳播公司的建議，為國民黨塑造新形象，有些人覺得很新鮮，國民黨文工會主任戴瑞明也覺得很適合，最近已經開始動手。

其實，過去國民黨並不是沒搞過宣傳工作，而且還花了不少錢，但是一直都「吃錯了藥」。從前，國民黨和中共一樣，專搞個人崇拜，現在是一佛出世、二佛升天，時代也不同了，這才想到要改善組織的形象。當然，做總比不做好，不過，我們有一個看法，可以參考。

國民黨和政府一直是混在一起的，而且，國民黨的中央毫無疑問的是太上政府，

那些幹部，似乎也毫不避諱這個態勢。從前可以，現在和今後恐怕都不行了，因為反對黨直瞪著眼睛看這一點。比如說，軍隊國家化，黨方也好，政界也好，總一再的表明，軍隊已經國家化了，軍中沒有黨部。這能騙得了嗎？只要是服過兵役的，誰不清楚葫蘆裡賣的是什麼藥？

說國民黨「吃錯了藥」，是有所本的。例如，孫中山的「三民主義」是一本非常通俗而淺顯的建國計劃與方針，卻搞一大票所謂革命理論家，把它給研究成幾千本、幾萬本，又是哲學的理論，又是軍事的理論來，最後，誰都怕「三民主義」，誰也都沒弄清楚「三民主義」是什麼東西，一直到最近幾年，因為理論家們自己有了衝突，才逐漸改正過來，才知道「三民主義」是可以讓中國人過好生活的主義。又如，蔣介石的「總裁訓詞」，總有好幾十本，內容雖然有的是前後矛盾的，但是基本上，還多數是強國富民之道，結果也把它研究得愈來愈迷糊，最後是把蔣氏研究成了軍事家、哲學家、政治家，……反正是天上奇才，地下俊傑，卻沒把他所說的毛病和缺點找出來，告訴大家要怎麼改正，於是乎三、四十年以前說的毛病，幾十年以後還在，蔣氏早已作古，而沈疴依舊，那能不叫人不望訓詞而搖頭？

國民黨現在說是要塑造新的形象，我們想，若只是貼貼海報，耍耍噱頭，搞搞宣傳，到頭來還是一事無成。我們認為，外表固然重要，脫胎換骨應該更重要。

人民的眼睛是雪亮的，能騙得了一時，卻騙不了永久，國民黨千方百計為了明年的選票，耍什麼花招。現在人民的教育水平高了，嘴裡不說，心裡可會評估。

國民黨固然讓人討厭，但是，在可預見的未來，台灣還是不能沒有國民黨。因此，我們希望國民黨莫自暴自棄，莫死抱著老觀念，一切要積極，要有新構想、新作風。形象固然重要，實質更重要，不然，徒有其表，將來將比現在更難過。

有人說：「日本是政府領導著民眾跑，南韓是政府和民眾一起跑，台灣是民眾領著政府跑。」台灣此一現象已經不適合潮流了，希望國民黨的幹部們要大澈大悟，別再敷衍搪塞，別再推拖拉，明天該做的，今天就動手準備。現在已經不是擺老大的時候了？今天，連中共都有人敢指著鼻子罵，國民黨還能狠過中共嗎？

我們看著行政院長、省市首長以下的大官小官，在立法院或議會排排坐，讓那些立委、議員狠罵祖宗八代也發毛，說來心酸！這主要還是政府什麼都慢了半拍，總要人家在後面踹了才起步，甚至還半拖半拉的。

總之，造新形象是末，易做；創新精神、新作風是本，卻難為；國民黨不應棄難取易、捨本逐末。

洛杉磯「國際日報」社論（一九八九年十一月八日）

二十七、順民者昌、天道勿違

羅馬尼亞獨裁者伏法的啟示

今年八月二十四日，波蘭共產黨政權，因團結工聯的強力逼迫而下台，終於放棄共產主義統治，和團結工聯組織聯合政府，使國家走向市場經濟和民主政治，可以說是東歐草根力量發起政治改革的先驅。

十月八日，匈牙利共產黨，宣布黨本身不合時代，一個月後另組社會黨，接受了四個激進反對黨的要求，把原定明年一月舉行的總統選舉，延期到明春國會選舉之後。

十月十八日，東德人民在大批越過匈牙利邊境投奔自由的人潮之後，逼走了共黨領袖何內克，其後新領袖克倫茲的政策步伐不能符合人民的要求，又再被迫於十二月三日下台，結果政府與反對派協調，將於明年五月舉行自由選舉。

十一月二十四日，統治捷克四十年的共黨黨魁雅基斯，被迫辭職，十一月底共產黨交出了權力，結果於十二月初組成了第一個不是共黨佔多數的政府。

保加利亞也在十一月初，和東歐其它共黨國家一樣的走上改革之路，掌權三十五年的日夫科夫被逐出黨，執行改革路線，舉行自由選舉。

問題最嚴重的，當然是爆發於十二月十六日的羅馬尼亞事件。統治羅馬尼亞二十五年的共黨獨裁者西奧斯古，由於人民示威反對當局的經濟計畫，他竟派坦克輾壓學生和兒童，派保安警察掃射人群。又在官方安排的群眾集會上，因人民喊出「打倒西奧斯古」的口號，而毫不猶豫的，再派坦克，圍著數千示威者掃射竟日。前後兩次，雖死傷近萬，但羅國人民較之北京民眾更為堅強，並未因死亡眾多而畏懼不前。第二天破曉，卻有多達二十五萬不怕死的人民，從各方湧到示威原地，終於和支持人民的軍隊聯合在一起，而把西奧斯古趕走，這真正應了「民不畏死，奈何以死懼之」的中國古訓。

在華沙公約的六個共黨國家中，波蘭共產黨算是最懂得觀察世界大氣候者，所以尚能很體面的維持半個執政黨的地位，因波共早在半年前，就已經確定了走議會路線；而匈共因為在十月自行解放，另組西歐式社會主義黨，也得以繼續扮演過渡政府角色，也算維持了一定的政治命運。而東德、捷克、保加利亞、羅馬尼亞的獨裁者，可以說根本忽視了民心，只顧維持本身的利益，以致與黨偕亡。尤其西奧斯古，則更是喪心病狂，把整個國家由一個家族統治，不顧人民需要，不恤人民生命，一週之內，其爪牙即肇致羅國六萬人民於死傷，最終卻斷送了自己和妻子的性命。

西奧斯古和中共二十多年來，走得很近，如果沒有猜錯，我們認為，西奧斯古屠殺羅國人民的行為，與最近中共特務頭子喬石訪羅有關。

中共六四之後，第一個支持者是西奧斯古，喬某訪羅，一方面是答謝，一方面是傳授鎮壓秘術；喬石返國後，立即學習羅國加強保安警察組織，表揚警察「六四」功績；而西奧斯古也以羅國人民為輾壓、掃射的試驗品，這對難兄難弟，都是打著人民的口號殺害人民，而今難弟以身血祭人民的亡靈，難兄是否知過而悔改，還是要變本加厲，正是存乎一念之間，「水能載舟，亦能覆舟」，古之銘訓，大意不得。

共產主義由俄國發韌，推行七十多年，由東歐而亞非，而南美，如瘟疫傳播，一時甚受貧窮落後國家歡迎，亦為部份知識分子烏托邦幻夢的依托。數十年來，此一不近人性的政治理想和制度，不但斷送了千百萬人民的生命，更把得以倖存者推向貧窮，推向愚昧。戈巴契夫首先打破共產祖國的形象，讓人民追求自由、人權；近半年來東歐共產集團也引發了巨變，這是大勢所趨。順時勢者，應該要能「見風轉舵」，亦所謂「天道勿違」。中共、北韓、古巴、越南雖然有心逆水行舟，究竟是逆天行事。更是以一國之人民作一黨和少數人求存求權的賭注，希望當權者三思！

洛杉磯「國際日報」社論（一九八九年十二月二十八日）

二十八、民運狂濤擋不住

北京學生示威發出信號

大陸攝製，在歐洲得獎的影片「紅高粱」，港、台的影評人都叫好，能在外國得獎，也必然是獲得洋人青睞的。影片的藝術問題，我們不談，大概能讓外國藝術家看上的，多數是著重「民族形式」，再就是中國人的貧窮、落後、悲哀、原始。「黃土地」、「老井」、「芙容鎮」。差不多都是同一類型的。說好聽一點，是赤裸裸地把中國人的生活展現在世人之前，向世界控訴，中國人雖然生活很苦，但還能堅強的活下去；可是我們要自問、自省，同樣是人，他們為什麼會活得這麼痛苦？難怪中共曾經千方百計的阻撓各地放映，可是它卻是中共公營機構攝製的。

「紅高粱」的背景是所謂富裕之地的山東省，膠濟鐵路線上重要地區高密。那地方，雖說是「舊社會」時代，現在好像也沒有進步多少。從「黃土地」，從「老井」可看出那些人過的生活，連最起碼的條件都沒有。新中國已經四十年了，除了大城市，除了中共宣傳媒體經常提起的重點城市，全都苦不堪言，連中共的老區延安在內，快五十年了，還是拍成電影一定得國際獎的「典型」模式。作為中國人我們很心酸！

東歐的社會主義國家，人民群起倒共，他們已經看透共產黨的那一套，連老幹部也都覺得謊說不下去了，夢也做不下去了，所以波蘭、捷克、東德那些共產黨徒，連一黨專政都放棄了。其實，我們看看最近報導各國的新聞畫面，擠在立陶宛、布拉格街頭的那些人民，單看穿著，就比之六四前後擠在北京的市民所穿的要高級很多。而今天中共不但要抱住社會主義的神主牌，還要中國人民再過幾年緊日子。四十年了，究竟還得幾年呢？有把握嗎？

幾天前，北京一批高校學生，冒著戒嚴令，上街示威遊行，打著一幅橫布條，寫的是「為什麼我們國家那麼貧窮？」請問八十五歲的鄧小平，能告訴這些孩子嗎？答不出來，又只有蠻幹了，據說被抓走的已有八個。抓人不是辦法，坦克軋了，機槍掃了之後，還有人敢上街，這就是「民不畏死，為何以死懼之？」這就是「前仆後繼」的革命精神。當年中共的先烈志士們，不也是同樣的為了要讓中國人過好日子，過自由民主的生活，而肝腦塗地、前扑後繼的嗎？

國際的大氣候在變，變得很急驟，中國只是這大地的一點，不可能不變的！

從各種徵候看，雖然中共的當權者，還頂嘴硬的說，中國形勢已日漸好轉，但這是由衷之言嗎？老實說，中國本來就是一個「等米下鍋」的破落戶，再虛言矯飾，旁觀者還是一目了然。所以調整經濟也好，緊縮個體經濟也好，反正是經濟要開放，政治要閉門。中國式的社會主義，老百姓不能讓他富，政權是共產黨的專利。追隨了中共六十多年的千家駒，最近悟道皈佛，他為文直質江澤民，「我們能夠創造一個新的經濟規律嗎？」這恐怕也是東歐許多共產黨政權執政者，在數十年翻雲覆雨之後，所悟出的一個問號，所以他們甩得俐落，能夠順應民意，不拘泥於個已的權慾，現在，真可說是一瀉千里，局勢瞬息在變。

今天中國，像「紅高粱」裡所描繪的，還算是好的，在西北，在西南，還有不少地方，一家五六口，冬天只有一條褲子的，一家人窩在坑上，窩在破絮裡，誰出門，誰就穿那褲子。這樣子，能搞生產嗎？不生產，有得吃穿嗎？這是循環的，怎麼能翻這個身？

「先讓少數人富起來。」這不是壞事，全世界也沒有那一國的國民經濟一律平等的，智愚賢不肖的基準就不一樣，別因少數人有錢了，見了眼紅。最主要是高幹的子女，共產黨幹部，別搞特權，搞先富！

民運是中國先起的風潮，現在影響到西方，這潮流勢必要回轉的，這次北京學生的示威，規模雖不大，卻是個信號。狂濤是要接著來的，再來的，必定是擋不住的！

洛杉磯「國際日報」社論（一九八九年十二月三十日）

二十九、中共應讓港人以做中國人為榮

香港的立法局首席議員鄧蓮如，近日被英國女皇冊封為可以世襲的勛爵，因為這個爵位，得能晉身英國上議院，香港的輿論界一片采聲，認為這在香港是史無前例，也是香港華人成為英國勛爵的第一人，因而興奮至極。鄧蓮如也認為，今後她將利用上議院議員的身分，在國會中替香港人說話。

在香港人的所謂「信心」問題、「居英權」問題，搞得中英擾亂不清的時候，老實說英國來這一手，無疑是給中共當局臉上抹黑。其實，鄧蓮如雖然是所謂「華人」，其夫婿唐明治卻是英國人，鄧的「居英權」當然不是問題，她和唐明治的兒子，必然是英國人，那她的世襲，又有什麼特殊，肥水不落外人田，那個世襲的男爵，還是英國人，這有啥稀罕的？但是，百多年了，英國要在治權移轉倒數時刻，中國政權最被人厭惡的時候來這一手，可見，那個當日在北京被鄧小平稱為「沒知識的女人」的柴契爾夫人，回敬年邁老人的，可不是花拳繡腿！

這事情，可以等閒視之，因為，英國女皇每年總在年初和誕辰之日，冊封一批對皇室效忠，對帝國盡力的臣民，這和一般國家勛獎公務員、民眾是同樣的情況，和北京當局獎勵天安門廣場平亂英雄之類的活動，也是類似的，不過因為香港是英國殖民地，一般人對皇室的恩賜特為重視，就是媒體，也脫不了甘為臣民的心態。

這事情，也不能以等閒視之，因為，現在的英國，已經不是當年的大英帝國，憑土地、憑人口、憑國力，在世界上排前十名恐怕都不容易，而今天，卻處處擺出一副姿態，教訓那個世界人口大國、極權大國、處處以未來香港華人的救世主自詡，而香港人在「六四」懼嚇之下，明知英國不可依靠，在舉目無親之時，當然就只有依靠舊主，圖能苟安一時，以待天變。

今天香港人的心理和台灣人極相近，當年台灣回歸祖國不到四年，祖國變了，天天所聽到的、見到的是殺戮、貧窮的祖國，國民黨雖然在台灣盡了一些力，但總逃不了「敗兵之將」、「亡國之君」那種形象，反觀往日的統治者日本，卻是蒸蒸日上，財霸天下，因而讓搞政治的有了藉口，想脫離那個貧困、殘暴的祖國；而香港人，四十年來，在祖國的腳邊，見到的情況也夠多了，英國雖不是一等強國、大國，但政治上軌道，能給溫飽的情況下，雖然是三等國民，總比當關在籠子裡的一等國民來得像個「人」。而且，以當前的情況看，作為中國人，也實在是前途無「亮」。

第一，和香港最接近的人物，港澳辦主任姬鵬飛，也上了年紀，對香港人並不慈祥，雖說所謂一國兩制，而香港這一制，卻有他的尺度，香港人受不了，副主任李後的「嚴肅」，更是港人的剋星；再就是香港的影子總督周南，和跑到美國的許家屯一比，不免讓港人打起寒顫來，以這些人作為收回香港的先頭部隊，香港人已經更清楚的看到了前景並不樂觀。

第二，有的香港人，還寄望於台灣那個「唯一政府」，可是看看如今所謂的寶島、燈塔，已經什麼都不是了，燒殺擄掠，人慾橫流，雖說財富遍地，而內政不修，社會動盪，自顧已經為難，那能統一、中興?當然更別提救香港了。

第三，那個搞了四十年，還摸不到門路的北京政府，雖說讓香港搞資本主義那一套，無疑是看在錢的份上，香港人可受不了。雖然，香港人有時為了適應環境而委屈自己，但是，到了節骨眼，還是要冒出來的，今年六三、六四的大遊行，就是香港人心的表現。

作為中國的統治者，作為一個世界大國的執政者，除了造原子彈、氫彈，放人造衛星之外，應該要懂得如何讓人民感覺做這個國家的人民為榮才是正道！而即將收回的香港，還有人要到英國的上議院替香港人說話，未知中國的當道，聞悉之後會有什麼感想!?

洛杉磯「國際日報」社論（一九九〇年六月二十一日）

三十、中共擔心被割除「社會主義尾巴」

八十年代的最後一周，在羅馬尼亞專政了二十五年的社會主義大獨裁者西奧斯古夫婦，終於因屠殺人民，而給人民「處決」了，美國和少數幾個國家，認為沒有經過審訊而把他搶殺，覺得遺憾。我們覺得這是婦人之仁，所謂殺人償命，殺一個人就該一命抵一命，何況直接指揮而屠殺了六萬多人的現行犯。羅馬尼亞人民可說是處理得乾淨俐落，值得讚賞，假如稍一猶豫，今天的局面也許不同了。因為那會使獨裁者的爪牙不死心。這點，無疑是給被壓迫者力圖翻身的一種經驗。

西奧斯古的大屠殺手段是吸收北京「六四」的經驗，可是，羅馬尼亞人民的勇氣比中國人大，革命浪潮後浪比前浪更猛，這個效尤的劊子手栽了，栽得讓中國老師心驚膽顫。

東歐局勢的劇變，羅馬尼亞獨裁者的迅速敗亡，的確給中共強硬派的當權者一記沉重的打擊，但也給中國人民以新的鼓舞。「六四」之後，中共當權者對於中國人民更為嚴酷的控制，雖然使中國人民更為憤恨，可是，面對嚴密的鎮壓形勢，總以為在短期內不可能再度發難，現在，情況變了，「東歐能，中國為什麼不能？」這，已經在許多人的腦際盤旋了，尤其知識份子們。

作為革命種子溫床的北京大學，最近一些日子，又出現了大字報、耳語，他們已在試探遊行的可能性了。去年十二月二十七日，作為國務院發言人的袁木，栽贓學生運動為「動亂」的原始報告人北京市委副書記汪家鏐等人，就被北大學生請去報告時事，結果給學生問得啞口無言，噓聲一片。所以有人說，「北大不愧為北大」。學生問的問題很簡單：

「我們常聽你說鄧小平同志是改革的總設計師，經濟出毛病卻要趙紫陽負責，怎麼解釋？」

「胡耀邦和趙紫陽幹了這麼多年，都沒有形成領導核心，為什麼江澤民一上台就形成了核心？」

「李鵬在國內外的形象很差，有沒有合適的人選接替他？」

這些問題，能說學生是反動嗎？他們的確不理解，可是這些問題能夠答覆得出來嗎？難怪袁木這些人只好打哈哈了。

其實共產黨有更多的問題，不能給人民理直氣壯的答覆，全世界共產黨都一樣，而中共可能更多，所以對任何問題以「四個堅持」作擋箭牌，以「改革開放」來敷衍。

如果全世界的共產黨都跨了，中共還能堅持下去嗎？為了保護自己的既得利益，中共的強硬派是準備保衛這個最後的陣地。但是，我們可以見到，在這大浪潮之下，中共本身已經激起了矛盾。例如，對東歐局勢應變的看法，江澤民和李鵬就是明顯的有異數；李鵬說到「六四」事件時，他說：「在去年春夏之交我們平息了在北京發生的反革命暴亂，捍衛了我們黨的領導，捍衛了社會主義制度，捍衛了中華人民共和國。這無論從歷史的角度看，還是從國際國內的現實分析，我們採取堅決措施平息這場暴亂都是完全正確的。」他並且說：「不管國際上如何風雲變幻，我們都要堅定自己的信念，堅持社會主義的方向，堅持改革開放政策，紮紮實實搞好自己的工作。」無疑的，李鵬把自己扮成救黨、救國的英雄，強調堅定「社會主義方向」，對要求民主自由的人民進行阻嚇。而江澤民在十二月二十九日中共中央黨校學員座談會上說：

「無論國際上發生何種變化，中國共產黨人都要以經濟建設為中心，堅持四項基本原則，堅持改革開放，不斷推進具有中國特色的社會主義建設。」可見江澤民是把「經濟建設為中心」，推進「具有中國特色的社會主義」，顯然和李鵬所指的傳統的「社會主義方向」不同。當然李鵬手上沾有「六四」的血，如果中國再有變，他可能會步西奧斯古的後塵，所以他要堅持階級鬥爭的「社會主義方向」。江澤民不是，他是「六四」後收拾亂局者，他可能逃過人民的判決，所以他想收拾人心，想緩和繃在弦上的民運之箭。

總之，當前是中共當權者惶懼不安的時刻，過去他們總叫著要割「資本主義尾巴」，現在極可能被割掉這條「社會主義尾巴」了！

洛杉磯「國際日報」社論（一九九〇年一月三日）

三十一、中國大陸人民實在熬不下去了

評「社會主義終究會戰勝資本主義」之說

上週五，中共「人民日報」發表署名高狄的長篇評論文章，強調不能因為國家「窮」而指摘社會主義；社會主義的中國，終究會戰勝資本主義對手的。

這篇文章，當然是針對上月九日北大航空系學生，在北京舉行示威集會，打著「祖國啊，為何你如此貧困？」的橫幅底回應；也當然是官方要說服人民，中國必須堅持社會主義道路，鎮壓持不同政見者，抗拒衝擊東歐的倒共、反共狂潮。

高狄的文章說，現在講中國國民收入的人均，中國是窮國；講國民生產總值，中國居於世界前列：講工資收入，中國低；講勞動人民的實際生活水平，不算很低；講經濟，中國比較落後。但中國塊頭大，包括政治、經濟、科技、軍事在內的綜合國力，中國是一個相當強大的國家，在世界上有舉足輕重的地位。文章轉了半天，弄得你搞不清中國究竟是窮，還是不窮。

文章又認為，中國的落後不是從現在開始的，至少已經落後了一二百年。從十七世紀中葉起，西方各國相繼從封建社會進入資本主義社會，但中國至十九世紀中葉仍處於封建時代，差不多世界上所有的資本主義列強都侵略過中國。資本主義列強對中國的掠奪，是舊中國繼承的歷史遺產，社會主義的中國，是在這樣一個基礎上起步的。

前面一段所舉的弄昏人們腦袋的繞口令，簡單的說，就是像香港、台灣這些地方，生產的量比國民所需的量多，除了自給之外，可以把多餘的外銷，賺回利潤，換回其它的物資，所以能生活富裕，衣豐食足，為什麼會生產的比需要的多呢？因為營利歸生產者所有，所以勤於生產，勤於改進，這也就是資本主義社會的特點；而社會主義下的大陸，所謂大塊頭，主要就是說人口眾多；人口多應該相對的生產量也會多，可是，由於制度的不合理，造成生產者怠於勞動，十一億人口，雖然生產了八億或九億隻鞋子，不錯，是世界最大生產量了，而在中國至少有三億人打赤腳的，這是最通俗的譬喻，中共繞了半天，不敢直截了當的說的，就是制度不能激勵人民勤於生產，以致國民所得只有落後了，一切也都給拖下來了。

至於說窮困是歷史遺產，也真虧作者想得出來，不過，這卻是中國共產黨一貫的作風。中共建政四十年來，前三十年所有的過錯全是「四人幫」搞壞了，應該由「四人幫」負責，「四人幫」鬥倒了，一切從頭開始，後面這十年，所有壞的、錯的都由趙紫陽負責，趙紫陽下台了，一切再從頭算起，和共產黨無關，黨還是偉大的。而中國之所以現在還這麼窮，那該由歷史負責，怪不得中國共產黨。「沒有中國共產黨，就沒有新中國」，所謂「新中國」，就是這中國天天都是「新」的，天天都是第一天，天天都是「社會主義初級階級」。

高狄的文章最後說：「世界資本主義有三百多年發展的歷史，已經比較成熟。現在，資本主義還在不斷調整之中。社會主義出現於世界只有七十多年，而在中國，自中共建政以後只有四十年。現在中國是落後，但是有共產黨的領導，有社會主義制度，有勤勞勇敢的人民，總有一天中國會接近、趕上和超過那些發達的資本主義國家。」

的確要有耐心。像戈巴契夫、像東歐這些共產黨徒，都是不能成氣候的，蘇聯才熬七十多年，就撐不下去了，像東歐這些國家，也只不過四、五十年，都半途而廢。所以，中國要像搞資本主義那樣，熬個三百多年，不是就超過資本主義了嗎？因為，中國共產黨相信，資本主義要在原地踏步，等著社會主義超前的。此所以中國共產黨要「眾棄我守」的「堅持」，帶領著「勤勞勇敢的人民」奮鬥三百年，「總會有一天」要「趕上和超過那些發達的資本主義國家」！

不過，我們還是要為中國人請命！中國人實在熬不下去了！

洛杉磯「國際日報」社論（一九九〇年一月十一日）

三十二、民主政治不是暴民政治

從台灣政治經濟社會一團糟談起

對目前台灣政治、經濟、社會情況一團糟，最覺得痛心的有兩種人：一種是幾十年來參與台灣建設，而現在身在海外的；另一種是寄望台灣能作為大陸的政治典範、經濟藍本的中國人。因為他們從台灣的傳播媒體上，可以看出目前台灣的所謂民主政治，是一種目無法紀，人民競以不守法為榮，競以能破壞政府威信、破壞公權力為勇；經濟發展，已到了虛矯偽飾、浮誇不實，絕大多數人，只圖一時僥倖，不事建基立業；社會情況可用驕、奢、淫、賭、搶、擄、盜、殺、八字來概括。如果說這些形容嫌過份的話，那應該歸咎於某些媒體的報導失實。

二十年、十五年前，甚或是十年前，台灣還是被譽為政治最穩定，治安最優良的「寶島」，曾幾何時，短短的十多年時光，竟有如此大的變化，為什麼？如果計算沒錯的話，應該要從許多人希望有個制衡的反對黨；某些組合趁機而起，而「弄」成的。因為當時雖說執政的國民黨獨裁，卻不能不承認台灣人民的生活是豐足的，社會是安定的，經濟是進步的。因為沒有「革命」的藉口，於是不惜以破壞社會秩序，破壞公權力以創出「革命」的局面；如果說那是「造勢」的一種非常手段，而今天，這些「非法組織」已經是正式政黨了。應該調整路線了，可是，在名正言順之後，當日市井之徒，都成了政壇新貴；為了還得唱下半齣執政的戲，又不能立刻處置那些搖旗吶喊、打殺攪擾的「群眾」，這就造成了今天台灣社會的病害。

台灣自縣市長、省市議員、立委選舉之後，國民黨是承認失敗了，將來如何挽回這個局面不得而知；但，可以預見的，台灣在這六年之內，如果沒有特殊原因，是不會「獨立」的，形式究竟如何姑且不論，至少在文字上是不會見面的，但是，台灣省之下的如台北縣、高雄縣、宜蘭縣這些以民進黨為領地的縣市，要獨立於台灣省之外，獨立於中華民國憲法之外，現在則已露出尾巴了。這個黨，現在已經揚言，六年之後要執政，那就可知執政之後的情況了，雖然目前有所謂的統獨之爭，真到了抓住了政權，其結果也應該可以想像的。

當年共產黨要革國民黨的命，前前後後，明的暗的，的確死了不少人，鬥爭了近三十年，才抓住政權，那些為共產黨打天下的，除了窮苦大眾想自救的之外，有不少是為救這個苦難的國家民族而捨死忘生的。可是，死的死了，活著的，獲得了政權之後，誰還會回想當初是為誰革命，為何革命，是誰支持革命，又為何支持革命。中國比過去更苦，人民比過去更慘。因為，國民黨雖腐敗，人民還能活下去，現在卻是活不下去了。從共產黨，看現今的民進黨的組成份子，看民進黨一直以來的所作所為，不但叫人忐忑不安，更叫人不能不悔不當初。第一、民進黨獲得政權太容易了，從黨外時代攪擾民意機構，破壞公權力開始，前後不過十年，因為得之既容易，難免驕橫放縱，今天尚未執政，而貪污悖法者有之，包庇玩法者有之，包攬訴訟者有之，無視國家法統者有之。作了縣市長，就可以不顧省府，不顧中央，如果真的當了總統，那不知要怎樣了。

台灣之所以能有今天的經濟成長環境，無疑是由於國府政策所使焉，讓人民有安全的生存空間，才能夠無後顧之憂的放手於從事工商發展，現在公權力被破壞，社會無倫理，政治無道德，連像王永慶這樣所謂「經營之神」，在台灣都難以立足，謀求向國外發展，向大陸發展，其它小商小號，平民百姓又將如何？

在此新春來臨之時，我們衷心為台灣人民請命，希望所謂反對黨、友黨、黨外人士，為台灣人民的幸福、為台灣人民的生命安全、為自己的子孫前途著想，能一切歸於憲法，一切歸於法治，就算要搞「台獨」，也要讓人在生命無虞，經濟能夠繁榮的環境下過日子。不然跟讓中共來搞社會主義，又有什麼分別？須知民主政治究竟不是暴民政治！

洛杉磯「國際日報」社論（一九九〇年一月三十一日）

三十三、中共必須放棄專政才能造福人民

蘇聯共黨中央委員會二月八日通過廢止共黨專政的憲法新條款草案，以取代中全會決議廢除的憲法第六條條款。這是戈巴契夫重大勝利，也是蘇共霸權體制的休止。雖然還要經過全黨黨員大會的認可，相信廣泛的民意是不會被抹殺的。

這些時日裡，最寢食不安的應為中共，雖然自史達林死後，中共一直想超越蘇共而統領世界共產帝國，今天蘇共正帶著東歐共產黨集團放棄一黨專政，甚至放棄執政、砸爛共黨招牌在所不惜，中共該正是躍居首席的時候，但卻手足無措，感到孤單、無依。

中共總書記江澤民的反應是：中國大陸在任何情況下，不會追隨蘇聯走上徹底政治改革道路，因為中國大「有別」於蘇聯。

中共的黨報「人民日報」上週四並且提醒說：「一旦共產黨放棄最高權力，便會出現混亂和內戰。」又說：「在中國大陸，如果沒有共產黨的強有力領導，便肯定會出現戰爭、人民再次受苦，造成國家亂七八糟。」

這幾天，中共的傳媒，一再的透露大陸的八個所謂「民主黨派」，表示支持中共的領導，如果實施西方的多黨制，只能帶來災難性的後果。也因此，鄧小平又發表他的偉論了，他說：中國反對資產階段自由化將是「長期鬥爭」、「不僅在本世紀要進行、下一個世紀還要繼續進行」。不過據消息報導說：將在下周出版的「北京周報」有一篇著名的文章，替這句話下了註腳，表示「中國反對資產階級自由化，絲毫沒有否定同西方國家發展經濟技術貿易往來的意思，絲毫沒有反對外國資本家來華投資的意思。」

從這些表態上，可以看到中共是在作頑固的堅持，堅持一定要共產黨一黨專政，沒有中共專政、就會發生內戰，有內戰，當然會死人；其次，政治要堅持，經濟要開放，不開放，人民吃穿有問題，會反共，所以資本主義在這方面是可取的。另外，為了表示民主，把那些花瓶黨派拉出來，讓這些附庸黨派替他捧住民主招牌。這些言論、這些作為，恐怕非戈巴契夫所能想得出的！魚與熊掌都要。

中共說是「中國大陸有別於蘇聯」，究竟這「別」在那裡？「別」在中國可以實行共產主義，蘇聯不適合實行共產主義嗎？早的不必說了，中共建政至今已四十年，老區人民的生活情況，上周本報社論提論過一些，現在再錄一段一九八八年五月「人民文學」上發表的紀實報告，其中提到的：「定西會寧縣，學生只能拿鹽來拌黃米飯吃，從來沒有菜、沒有油。或者是每月只有三十斤粗麵粉，天天是稀糊加幾滴醬油過活。許多老太婆便蹲在地下，大姑娘就躲進牛棚裡，不敢見外人。因為她們仍沒有一條完整的褲子穿。正是『全家如一葉，飄墮朔風前』」。

「在定西與西海固，不少五六十歲的老人，竟然未吃過一頓白麵饃，小孩子個個肚子鼓脹得透亮，是成年累月喝野菜糊渡日造成的。通渭縣的婦女，百分之九十五以上有子宮脫垂之類的婦女病。整個定西莊村裡四十三萬人，百分之三十的農民吃不飽，有四千二百戶，為幾乎一無所有的『特困戶』」。

這也是革命老區。究竟是共產主義不合適，還是共產黨的幹部有問題？能解釋嗎？別再要歷史來負責，如果什麼都要歷史負責，要犧牲幾萬、幾十萬人搞革命幹什麼？

共產黨專政，要抹殺人權，忽視人性，控制自由的。所以，果真因為中共放棄政權會引發內戰，因內戰而要死人的話，在「不自由毋寧死」、肚子不飽要餓死、無衣禦寒要凍死的邏輯下，不如因內戰而死，還有死裡求生的希望。

當年希特勒屠殺一千多萬猶太人，如果有十分之一或百分之一的猶太人肯和納粹黨徒徒手拼鬥，死裡求生的話，相信結局不會那麼悲慘的。

知識水平高的人，會為「自由」、「人權」而犧牲；知識水平低的人，會為飢寒而拼命，今天的中共當局，能使那一個階級的人覺得滿意？有一天，人民解放軍不見得就是專政的保證！

秦始皇求不死藥，漢武帝也求不死藥，多少君主、富豪競求不死，多少專制君主求能基業萬世，無一能如願的，正是所謂「人算不如天算」，中共諸「頭」應能順時勢，棄堅持，造福國人，拯救自己！

洛杉磯「國際日報」社論（一九九〇年二月十五日）

三十四、「貪婪之島」應有的省思

近日，台北有部份人士，對於最近一期時代週刊所發表的「貪婪之島」的文字，頗不以為然，作為民進黨立委的陳水扁，就曾在立法院質詢新聞局局長邵玉銘是否應該給予反擊。因為時代週刊的這篇文字，是比擬聖經故事中傳說的地中海索多瑪島，君主不信真理，所有人民貪婪、淫穢、自私、暴力，沉湎於酒色豪奢，結果「神用天火毀滅了這個島」，指出「目前太平洋上有一島嶼，號子逾千家，遍布鄉村城市，每天四百萬人出入其間，工廠缺乏勞工，人人無心工作，白天上號子，下午賭六合彩，晚上打麻將。這個島因暴發而虛胖，不但沒有文化，而且生活品質差，道德精神日益沉淪。出外要戴口罩，穿防彈衣的日子恐將來臨；物價奇高，空氣奇壞，治安奇糟。上有國民黨一些老代表戀棧權位；下有為享樂而不怕死的搶劫強盜犯。」

這篇文字的結語說：「篤信基督的李登輝是貪婪之島的現任總統，他除了相信神和權位之外，很可能不太相信這個事實，『神也會像聖經故事一樣，一夕之間，用天火毀了這個貪婪之島』。」

這次，這位慢三拍的國民黨籍新聞局長，敢於一反常態，面對陳水扁指責新聞局長，卻敢於一反常態，面對陳水扁指責新聞局「只偏好反駁台獨言論，對國際間對我不利批評，置之不理」，以致「工作績效太差」的指責。新聞局長且認為該文是指台灣，是台灣多元社會的各種現象之一部分事實，並不是全部，除了要檢討改進外，提出反擊不是很好的做法。

其實，近三數年來，對台灣社會狀態，國民生活不正常現象舉出指責、批評、惋惜的，何止時代周刊這一篇，而陳水扁之所以提出質詢，相信是在新聞局「偏好反駁台獨言論」這一點上。因為，我們從太多的事例中，可以看得出，民進黨似乎並不太注意國家、民族的形象，部分民進黨人似乎都只著重突出個人，連黨的形象都不屑一顧，這使許多原先支持有一個反對黨、支持民進黨的人，非常痛心。

台灣為什麼會成了今天這個局面？正是所謂的君不君、臣不臣、士不士、民不民。台灣輿論雖然偶爾也有檢討，但是，台灣的傳媒究竟是在「鮑魚之肆」中，已經「久而不聞其臭」了，何況有的作者、記者就已經也成了臭魚，當然很難有持平之論，今天看看人家比較客觀的評論，正應該抱「有則改之、無則加勉」的態度，冷靜的捫心自省，尤其作為「反對黨」的，更是要客觀。但是，民進黨一向的作風，總是自己所做的、所說的都是民主，別人所說的、所做的都不民主，尤其是國民黨所做的。這種心態，亟應改善。

中共之所以四十年一事無成，搞不清社會主義本質是一個問題，其次就是破壞了中國社會傳統理念，無疑也是一個重要因素。戰後日本，四十多年能夠再成為世界一流強國，主要是能在道統的基礎上求改革、求進步。而今天，台灣最大的反對黨所表現的是什麼，民進黨能告訴大家嗎？像台灣目前的政治形象、國民道德形象，就算讓民進黨執政，二十年、三十年能回復十年前的形象嗎？就算台灣獨立了，台灣還能回復到十年前、十五年前的形象嗎？更別奢求進步了。

今天台灣的居民紛紛向外移民，因為生命財產沒有保障，今天闊綽的台灣人民出外旅遊，到處被人厭惡、排斥，相信不是因為受的教育水準太低，而是缺乏社會規律感。

對「貪婪之島」的批評，台灣朝野實應好好檢討才是。

洛杉磯「國際日報」社論（一九九〇年四月二十六日）

隨筆

隨筆

一、「文壇」艱苦的三百期

「文壇」，自民國四十一年六月發行迄今，已歷卅三年，以月刊說，當然不止是三百期。

「文壇」當初是由穆中南、王監、劉枋、鍾雷他們幾位合辦起來的，三期以後就沒法支持下去。以後由穆中南先生獨力承擔，維持了廿幾年，其間艱苦備嚐，歷盡辛酸，記得最苦的時候，兩三個月出一期十六開本八頁的；最最發達的時候，每期出十六開本，一百卌頁，發行達二萬餘本，而且還對數達三、四萬名的「文壇函授學校」學生，單獨出版卌二開本的習作指導性「小文壇」。三十幾年來「文壇」印的開本，則十六、廿四、卅二開都全出過。

民國四十六年下半年，因為筆者剛卸「憲兵雜誌」編務，調國防部新中國出版社服務，工作較為輕鬆，經常和當時擔任「文協」總幹事的穆中南先生聚敘，認為已經辛苦經營了四、五年的「文壇」，無聲無息的停刊（當時似已停刊五六個月），實在可惜，何不合我們二人之力，設法找廣告、約稿子，出一期最好、最厚的「文壇」，由筆者負責編輯，如果不能起死回生，也給讀者留一個紀念，倘若因此而走運，也不枉既往辛苦。商議既定，於是由筆者和中南先生分頭約稿；廣告大部份由「憲兵雜誌」的經理王景森兄負責，那期「文壇」好像在七八月間出版，十六開本，稱「特大號」，寫文章的、畫插圖的，都是當時的頂尖作家。刊物一出反應絕佳。文藝界朋友都希望能繼續出版，於是於四十七年元月出版「文壇季刊」第一期，十六開本一百卌頁（文壇以後的期數就是從這期起延續編列的），雖說是季刊，其實第二期到四十七年六月才出版。當年七月成立文壇函授學校，並接受國防部委託承辦軍中文藝函授班，第一期學生就上千人，所以第二期文壇季刊在七月份就發行再版本，第三期於四十八年一月出版，第四期五月出版，到第五期以後就正常的三個月出一本，可能是在六、七期之後（因為手邊缺乏資料）恢復為月刊。

當時的文藝青年都在軍中，因為當時軍中多數是大陸撤退時從軍的流亡學生，到此時生活安定下來了，亟於求知、亟於充實自己，所以都利用操課餘暇，讀書、寫作。不但函授班學生日益增加，文壇的銷數也每期成長，當年除軍中讀者外，社會和家庭婦女讀者也不少，主要是那時的休閒活動少，除聽廣播、看電影之外，只有看文藝刊物，這段時間，可以說是「文壇」的黃金時代。我從特大號起，一直負責主編到民國五十二年。由於本身工作的關係，才卸下編輯工作。

民國六十七年二月，當時因為見及穆先生身體欠佳，自告奮勇的，接下了這吃力不討好的擔子，以至於今天掉進了泥淖，「難以自拔」！

時代在變，讀者的素質在變、文化事業的型態也在變，現在所謂的文化事業，完全是以商業為手段，處處在迎合讀者的興趣，而要想從文化上引導讀者，那是談何容易的事，於是乎，以所謂「文化人」來辦文化事業、辦雜誌，其能適應這種變局的，似乎並不容易，「文壇」就是屬於這一類型的。

筆者接辦本刊，前後歷經八十八個月，內容雖經常在調整，但辦雜誌的理想和目的可從沒變，許多朋友認為這已不合時宜了，的確，我也曾想過，我們要變，但應該樹立自己的標準，如果說要迎合，那要迎合那一個階層呢？

當初，要接辦「文壇」的時候，我曾和負責發行「文壇」廿多年的羅邦達兄談過，他說你為什麼要接「文壇」？我說我因為在「文壇」上灑了不少心血，覺得它停了可惜。他說：我以為還是辦一個新的好，我當時並沒有瞭解過來，直到二、三年以後，才省悟過來，可是晚了，已經掉進了泥淖。所以前年楊兆青兄接辦楚軍的「創作」月刊，出到第二期時，我和他見面，我說你和我犯了同樣的錯誤，我分條的說出他所可能面臨的難題，他說完全對了，結果他比我聰明，只出三期就轉手了，以後第二個接手的，也只出了兩期就停了，而我卻已騎在虎背上了。只是換人主編而不願停刊。

接辦一個舊雜誌，我打個比方，是用舊瓶裝新酒，這瓶子本來是紅字米酒，當然喝紅字米酒的人，一定會找它，而你突然把瓶中的米酒給換了紹興酒，本來喝米酒的喝了不對勁，下次不買了；而要喝紹興酒的，看你明明是米酒瓶子，他當然不會去品嚐，也不知道裡面的酒已經換了，於是舊的主顧不來，要想吸引新主顧注意，那得花多少宣傳費和時間？這就可能讓你脫層皮。

雜誌就是這樣，新接手的人，必定是有他一番新抱負、新理想：第一是革新版面、第二是提高品質。沒錯吧？一定要讓讀者一新耳目，一定要讓讀者看高水準的作品，須知這就是致命傷。因為一本有歷史性的刊物，一定有其固定水準的讀者，刊物是適合中學程度的，它的讀者，當然絕大多數是中學程度的，你接辦以後，突然把水準給提高到大專程度，這些中學程度的讀者吸收不了，當然只好停看了，可是那些大專程度的讀者，並不知道你已經提高水準了，而在他們的心目中，始終認為那是中學程度的，在書攤上、書店裡，翻都不想翻一下，因為他們認為沒必要吧！要等到有一天在某種偶然的機會中看看之後，或是朋友介紹之後，才知道，這刊物的內容對他很適合，可是，你知道那要多少時日？而那些認為不合適的讀者、長期定戶是整批、整批走了，新來的卻是零零星星的，除非你花大量的宣傳費，那可要比辦一個新刊物多花多少倍的。因為一本新刊物出版了，看書的人，總會注意到，人總喜歡新鮮的，買一兩期看看，如果正合胃口，一定會繼續讀下去，不合適的當然不看了，因而，一本新刊物出版，頭兩三期必定生意不會太差，除非你後繼乏力，成功率要比舊翻新容易得多。

我接「文壇」，就吃了這「舊瓶裝新酒的虧」，迄今還不能透過氣來，主要是「文壇」在某一階段給讀者的印象太深刻了，不容易翻過來。

「文壇」在讀者的心目中，永遠是一本純文藝刊物，近幾年來，雖然逐漸在改變使它成為綜合性的。但，那形象變不了。

文藝刊物，在台灣最初的讀者群在軍中，以後，軍中士官兵的素質變了，至少都國中畢業，還有大多數的大專兵，這些人對文藝沒太大興趣，要念書的，有他的目的，還有他們自己本科的學問；於是有一個時期文藝刊物成了工廠女工、女店員、理髮小姐的恩物，讀者群還滿大的，以後，先是港版的婦女雜誌入侵，又是服裝設計、又是美容化粧，甚而至還有性常識，這可把文藝讀物趕出了工廠、理髮廳。當然，國內這類刊物也逐漸增加了，尤其像大眾傳播一發達，電視就吸住了不少看書的讀者，餘下的時間看看內幕刊物，專業刊物，那有時間看文藝作品？

文藝青年並不多，文藝作家不會買文藝刊物的，文藝刊物，除了官辦的之外，像「文壇」這純私人的，已經走進了死胡同，連找廣告都不容易。

其次文化人辦刊物，最傷腦筋的是「贈閱」問題，朋友間有一種想法，我們這麼多年的交情，你辦雜誌，連送都不送一本，簡直太小氣了吧？有的電話來要的、有的寫信來要的，中間缺一期還要補寄的，而有的朋友，搬家了，也不通知改地址，等多少年、多少月之後見了面，還說你老兄真不夠意思，好久都沒有見到「文壇」了，為什麼不送我一份？老天，你說這有多冤！可是這些朋友卻很少會想到偶而為「文壇」寄一篇稿子的。說這些，當然很傷朋友感情的，不說，又有幾個是真正的承情的呢？不過，也有朋友，總說我們是好朋友，你辦雜誌，我不捧場，誰捧場？不但自己訂，還介紹訂戶，說這段話，不是吐苦水，而是希望朋友看了「文壇」能為「文壇」寫稿，搬家了，要通知我們，免得無謂浪費。

三百期（其實不只三百期）的「文壇」都在艱辛中渡過，我們祇聽到有關單位，對「文壇」有些言論覺得不滿，卻從沒有見到對「文壇」多少年來對文藝的貢獻、盡心有所嘉許，說來也夠心痛的！

（民國七十四年七月「文壇」月刊）

二、公僕乎？惡奴乎？

從文壇社被迫遷事件說起

「文壇又搬家了！」

「文壇」是又搬家了，文壇這次搬家很慘，也很窩囊。我接辦「文壇」之後，連這次，八年之中搬了六次家，前後各有原因的，先是在中山北路和兒女的兩個公司「合署」辦公，只幾個月，因為各自都要擴充業務，人多房子小，實在擠不下，所以搬到信義路。那屋子本來也是辦刊物的，兩層式木屋看來頂合適，可是西晒，夏天不好受，住了兩年，搬到杭州南路。因為住在二樓，三四樓的住戶，要通過我們辦公室，不太方便，住了三年，搬到師大路。房子不錯，住四樓又沒電梯，十來個人上下班，尤其裝訂廠送書，總發牢騷，頗為不便，但還是住了兩年。

去年五月間，仁愛路社址的房東找我，因為那裡本來早就租了一部份房子作為倉庫，他希望文壇社能全搬到那裡去。他願意把二樓讓出一半，甚至全部給文壇，樓下有八、九十坪，本來開籐器店，他準備結束，也讓給文壇使用，我們全社同仁，都認為非常理想，樓上辦公，樓下可以作為讀者服務部，開半間書店，餘下的四、五十坪，可作為咖啡座，供作家朋友寫作、聚會。因此，又非常衝動地，在不到一星期的時間裡，搬家了。

搬了之後，大約半個月，我才弄清楚這房子有問題，因為這房子的產業屬於中央信託局，本來分配給職員勞某的，姓勞的到美國去了，交給現在的周君代管，本來是日式屋子，年久破爛不堪，三年前拆了一部份，改建為鋼筋水泥的二層樓房，事為中信局獲悉，打官司要他賠償，結果，又是紅包、又是賠償的，花了幾十萬，以為既是賠償了就應該沒事，可是管財產的人換了，新來的對這件事很認真，咬著不放，非要拆屋還地不可。

中信局雖然是做生意的機構，卻是政府的，既是政府的，當然就是「官」，官民鬥「法」，基本上老百姓就輸了一半，公不公正不說，最低限度，中信局打官司花的是公費，老百姓可要花自己的錢，就是勝了，也要被剝掉一層皮。

中信局管這檔子事的科長，據說是高考第一名及格的，當然是個「人才」，也就是有「才」之人，周先生是生意人，又是個槓子頭，第一次接觸，就跟那位「人才」搞翻了，以後接觸，在態度上雖然互有折衷，到底有「才」的人胸有城府，每次給周先生兩句好話，周先生就自以為「人才」科長已懾於他的「槓」氣，已對他非常「同情」。其實有學問的人就是有學問，他每次和周先生見面，總給他吃糖衣毒葯，而周先生卻都相當有興趣的接受了。因為這位科長總安慰他，說他一定會幫他忙，只是局長金唯信不好惹，一定要找什麼人向金局長打個招呼才可以，周先生也真有本事，三年來遵照這位「人才」科長的指示，前後找了廿八位有地位的財經首長和立監委向金局長寫過八行、打招呼，結果還是金局長不同意，他是科長當然沒辦法，幫不上忙。最後，要文壇社全部搬到那裡，周先生也是得了這位科長大人的指示做的，因為「人才」科長對他說：如果能找到和「王大將」有關係的人，要王大將向金局長打個招呼絕無問題，因為金某人兩任太太都是大將的小姨子，金某人是靠王某起家的，一定會葯到病除。也難為周先生想到了文壇社、想到了筆者，因為他知道筆者和大將有一段不算淺的關係。（其實他不知道筆者這一輩子，就是不幹趨附工作，要不然怎麼會淪落到辦雜誌。）而筆者起先以為周先生是為了愛護文化工作，又是老朋友，既是有此厚愛，真是天上掉下來的餡餅，文壇社可以從此大展宏圖。可是等到房子搬定以後弄清楚狀況，才知道是個棘手問題。一方面厭惡於周先生事先沒說明白，有被愚弄的感覺、一方面也分析出這位「人才」科長是在耍弄周君，說的更具體一點，這位科長根本就是存心不良，是在有意的製造民眾對中信局、對金唯信的惡感，他利用周先生使許多被請託的這些財經要員、立監委等等人物，覺得金唯信不可理喻，缺乏人情味；要不就是利用這案子讓金局長覺得有這麼一個能把握原則的幹部，而重用、而另眼相看。

老實說，在台灣像這類的案子多如牛毛，有明文規定的法規可循，承辦人要解決問題，可不可、准不准有法令依據，況且，這種事件在中信局可以算是芝麻綠豆屁大的事，何勞局長操心。何況局長要賣人情，如果主管部門死咬著法規不鬆手，局長不可能會逼他通融的，因為沒有那一個主官會為了一件和錢財有關，而又對自己無益的事，要主管部門還就人情的。像這類事情，以中信局來說，應該處長階層就可以解決的，為什麼，老是把事情推到局長身上，此等幹部不是故意製造問題，又是什麼？例如，像不久前那位姓白的副局長所幹的糗事，是夠大了吧？沒聽說金唯信受到處分，沒處分，就表示局長不知道，可見一個局長不見得要管所有的瑣事，有很多事到某一階層就可以解決的。我分析之後，我沒有運用我的關係。因為我認為犯不著，前面就說過，就我幾十年從政經驗，我瞭解，這一方面又是在耍周先生，另一方面不是借故打擊金唯信，要不就是要引起金局長的注意。

到去年十月底，台北地方法院曾派員調查，我們除了告訴調查人員實際情況之外，還把租約的覆印本送給他參考，十一月中，法院給我們通知，說限今年一月十七日要強制執行、拆屋還地，於是我拿了通知書，請教一位高等法院的推事、一位最高法院的法官和一位律師，他們都認為，文壇社和房東簽約在打官司之前，而且和法院打官司敗訴的人，沒有朱某和文壇社在內，可以提出異議。於是我一方面找房子準備搬家，還和王藍先生商量過，希望他把閒置三年，空有虛名的「道藩圖書館」租給文壇，因為它和文協同一樓層，我可以兩邊兼顧，他沒答應。另外在一月八日提出了異議之訴，請求免予執行。而這異議狀於一月十五日批回，說是不可以，一定要執行，但是裁定文的最後，有一條尾巴是：「如不服本裁定應於送達後五日內向本院提出抗告狀」。由這條尾巴，可見我們還有說話機會，很直覺的我們認為可以等到最後不讓我們說話了，才算確定，要不然就不必要有這條尾巴。結果到了十七日上午九點多鐘，才發現那是一條假民主的尾巴。因為台北法院的推事、女書記官、中信局的科長、職員、警察、便衣、搬運工、大小卡車、怪手，如臨大敵似的來了。

非常榮幸，第一個目標就是文壇社，大隊人馬直上二樓，一個穿便衣的，一邊嘴裡說：「我們是來執行的。」一邊對工人說：「先把那冷氣機拆下來。」

非常遺憾，因為我是民國卅五年來台灣的，不是卅八年給共產黨趕到台灣來的，所以沒見過所謂共匪的嘴臉，但我在民國卅二年福州第二次淪陷的時候，做過四十天「戰地記者」，在我記憶裡，當時所謂「皇軍」的臉色，可比到敝社來執行的那些官兒們好看多了。這可能因為卅幾年來，「文壇」始終是反共的，「文壇」始終是站在被那伙人罵得體無完膚的政府和國民黨這一邊，還經常會捧捧警察的場而錯了，所以應得此報償。我非常低聲下氣的，向那伙人裡面，報了自己的姓名、身份，並請問那一位是法官，這時旁邊有一個人指著一個高不及五尺的年青人，說這位是法官，筆者並不是想套交情，只是禮貌的，向他請問貴姓。嘿，法官就是法官，可真是「鐵面無鬚」，只瞄了筆者一眼，面無表情的轉過頭去，這下可讓筆者，看到了，今天「青年才俊」的「後生可怕」！想想自己當年晉見先總統　蔣公，和晉見今總統　經國先生看到的還是慈祥和靄親切的臉孔。嚴前總統和筆者說話的時候還從坐位上站起來的。法官難道一定要板著臉孔才能表示法律「尊嚴」嗎？

在這種情況之下，老實說也不能計較太多，只好說我要說的，我說：「依據法院給我的通知，應該我有抗告權和時間，老實說，這裡我並不想住下去，馬上過年了，是否可以讓我找好房子，過年就搬？」

那位所謂法官，向旁邊一個人耳語了兩句，那個人搖搖頭，對我說：「朱先生，你是名人，我們很景仰，但是，今天一定要搬。」我為了不使場面尷尬，自己馬上打了折扣說：「一個月可以嗎？」對方毫無表情的搖搖頭。以後我就知道那就是「人才科長」賴某人。

在那種狀況之下，那些人的表情，說實在的，一面要張副社長和他們談，希望能給我們一點整理和找房子的時間，具結都可以，我自己退到我的辦公室，一口氣吃了三顆鎮靜劑，把門關起來，儘量讓自己冷靜。

這時外面辦公室、資料室，都在動手了。而張副社長先希望他們能延遲十天，不行；三天，不行；最後希望，讓我們明天搬，還是不行。

執行人員像救火、也像打劫，搬書的搬書、搬椅桌的搬椅桌。張副社長就對一位在指揮搬東西的年輕小姐說（據說是法院書記官）：「這樣子一搬，把我們所有資料全搞亂了，將來我們很難整理，是不是請你們的人下樓去，讓我們自己來好嗎？我們今天一定搬。」當然，這時文壇社的同仁，個個一肚子火。張副社長聲音是大了一點，臉色也並不怎麼好看。而這位女書記官可神氣啦！

「告訴你！現在不是講理的時候！」一邊說著，一邊指揮身邊的兩個女警：「把這個潑婦給架出去！」

「我犯了什麼法？」張副社長說。

「你妨害公務。」女書記官說。

「我的手是抓了你們那一個，還是攔著你們那一個？我是『請求』（請注意，夠可憐的！）你們，我這犯法嗎？」張副社長理直氣壯的發狠了。

還好這時有人開口了，說：「好了，讓他們自己搬吧？」那位女「官」也借台階下了，走開了。

本來起先中央信託局說，先借一間倉庫給我們放東西，以後等我們開始搬了，他們說就搬到門口行人道上。那怎麼行，那幾天都在下雨，只有十七號這天萬幸是晴天，不然就更糟了。

事已至此，我只好徵求幾位文協常務理事的同意，把一部份東西搬到「文協」，一部份寄在附近朋友家的地下室。在三個小時之間，搬了三大卡車、三小卡車。

第二天下午找到金山南路房子，立刻簽約、進住，才算安定下來，可是那些資料，可把我們整慘了。

有很多朋友為此事憤憤不平，認為當時該通知讓他們來處理。其實我當時何嘗不氣憤，只是想到「好漢不吃眼前虧」，認了。而且，法律是由人執行的，問題在於執行的人。

那幾天的確很窩囊，滿肚子惱火，直到同月廿日三重市那七層的慈雲講寺給拆了，我才心平氣和了，因為我想想，文壇社被迫遷算什麼？慈雲講寺難道是一天蓋起來的嗎？就算是違建，為什麼早沒發現？就算要拆，為什麼不在沒人祭拜的時候拆除？你知道，那一拆，所喪失的民心，不是蔣經國到鄉下和老百姓握上萬人的手可以換得來的！

果然連總統都認為不可以這麼做。

「君非亡國之君，臣皆亡國之臣」，過去我對這句話總認為不妥，現在我倒認為的確如此。

經國先生從在贛南當專員開始，就認為公務員不是「官」，是「公僕」，是靠老百姓吃飯的，今天許多公務員其行為、其作風，如果說是「僕」，那根本是「刁奴」、是「惡僕」。以處理「文壇社」事件、三重慈雲講寺事件來說，還是在首善之區、還是個文化機構、宗教寺院尚且如此，其對升斗小民，是何嘴臉，可想而知，所謂「官逼民反」、所謂「逼上梁山」，何嘗不是由於不肖的小官小吏逼出的紕漏？

這裡聯想到警察，說實在的，警察的工作相當辛苦，還有更嚴重的，是要出生入死，可是各類警察給人的印象多數都不很好，雖然說這種形象是由於少數人的不檢點而搞壞的，但有很多事情，似乎應該要有自己的原則，例如：那天來執行逼遷的，就有好幾個男女警察，當然是法院會同來的，要聽法官的指揮，我想應該不是法官要你向東就向東；要你向西就向西，一個自稱為「人民褓姆」的，卻變了狐假虎威的，聽人家指使。法官都對嗎？不錯，聽法官的，有問題由法官負責。真出了問題，法官真能負責嗎？因為法官他穿便衣，又不表明身份，站在那裡和張三和李四和王二麻子沒有兩樣，民眾和當事人，看到在現場張牙舞爪的就是警察，我以為既是「褓姆」，就應該以保護人民為首要，要疏導、要溝通、要替老百姓設身處地的想，才是正道，不是只聽法官的，最後黑鍋全是警察背了。因為法官並不是全對的，例如：拆慈雲講寺，拆除大隊、縣政府執行人員（應該也有所謂「法官」）可以不講時期，作為警察的應該注意到這問題，因為警察負責的是治安，要注意民眾的安全、民眾的情緒，可能的效果，出了問題誰負責，不是「配合」瞎起哄，說拆就拆。無可諱言的，今天有許多官，就算考試及格，還不是死背條文來的，民選的官兒更不必說了，地痞流氓、包娼包賭起家的有的是，這些人能懂什麼？建議警察先生、小姐，檢討檢討。如果處理事情都像那天處理文壇社那副德性，都像處理慈雲講寺那樣不顧時機和法度，相信總有一天大家要一起跳海的。說句難聽的話，在大陸的時候，幾百萬軍隊，不是給當時還是烏合之眾的中共部隊打垮的，而是垮在民心盡失，切記、切記、切記！

當然，一個文壇社算什麼？朱嘯秋又算什麼？推倒一間慈雲講寺又算什麼？要知道，那種態度、那種作風，不是一天養成的，也不是只在一個地方用那種態度的，我想像我這種人，都會想「余及汝偕亡」，比我更沒有修養、更衝動的人有的是。總統再好，救不了已失的民心的！

（民國七十四年九月「文壇」月刊）

三、提升社會道德水準

「辭海」道德條說：

「曲禮：『道德仁義，非禮不成。』

周禮：『道，多才藝；德，能躬行。』

『今謂道德，大而言之，則包羅萬事，小而言之，則人之才藝善行，無問大小皆須以行之，是禮為道德之具，故云非禮不成；人之才藝善行，得為道德者，以身有才藝，事得開通，身有美善，於理為德；故稱道德也。老子：『道生之，德畜之，是以萬物莫不尊而貴德；道之尊之貴，夫莫之命而常自然。』王弼注：『道者，物之所由；德者，物之所得也。』今通稱眾人所應遵循之理法及行為之合於理法者為道德。』」

由此可知，所謂道德，最主要的就是「眾人所應遵循之理法及行為之合於理法者。」可是，看看今天我們社會群眾所表現者，雖然說是教育普及了，而且有教育程度越提升，社會道德水準越低落之勢，國民守法的程度也越打了折扣，更因為教育程度升高的結果，使他瞭解了法律的漏洞所在，使他們知道了什麼是法律邊緣，這在已往所謂「凡夫俗子」所不能為，不敢為者。

社會文明進步了，交通發達了，傳播工具普遍了，使世界縮小了許多，也使世界各國間的不同文化、習俗易於傳播、交流，而外來的文化、習俗，又多是繁華的表層和虛浮現象，其真正的精髓，自非走馬觀花的，目迷異國情調者所一時可以領略得見的，因此之故，傳佈、渲染的結果，不但使故有的文化逐漸被漠視、冷落，實在已到了式微的階段，這是相當可怕的現象。

我們知道，日本是最能接受外來文化的國家，但日本卻也是最能保藏、重視故有文化的國家，因此他不但尖端科技、工業產品，擠列世界一流之地位；而日本國內名勝古蹟的保藏管理、文化資料的重視、民間習俗的流傳也都超乎其他國家，而成為觀光客樂於一遊之域。

日本有其繁華、頹廢、荒唐的一面，卻也有其守法、守份、奮發圖強的一面。一般人到日本，第一個印象應該是乾淨，尤其是寺廟、名勝、古蹟，一切都井然有序，無處不使外來人覺得心身清爽；一般國民，尤其生意人，大都彬彬有禮，看起來雖有點近於做作，但如果能做作得徹底，假的也變成了真的。

筆者有一次到日本觀光，是星期天的下午，車到熱海，要回東京，只見一條公路通東京的半邊，車隊大排長龍，車像蝸牛般循序慢行，而路中線的另一邊，卻空無一車，於是我想，如果，那條路是在咱們敝國，一定是不會空著的，一定是整條路擠得水洩不通，而且凌亂不堪。我想這就是國民道德水準問題了。

日本人雖然是世界上有名的狡詐者，但，在某些方面，卻是一板一眼的。例如：每一個觀光區的環境衛生之整潔，攤販、小賣都非常的有秩序，確是甚為難得的。以東京的銀座為例，平日車水馬龍，星期天，部份街道則禁止行車，各家各戶多在店屋前的道路中心，舖起地氈、擺上沙發、椅棹、花草盆栽，喝茶的喝茶，閒聊的閒聊，使鬧市成了客廳，典雅而不凌亂，的確別有天地。看來，日本人能賺錢，也懂享受，有新科技的文明，也有舊文化的節度。那情景，如果在台北，星期一早晨，必定忙壞清潔大隊了，人家卻是乾乾淨淨的。

到日本人商店參觀也好，買東西也好，總有讓顧客不買一點東西，對不起店員的感受，原因是她們實在招呼的太殷勤了。

基本上我對日本人並沒有好感，可是對日本人那種進退有節，勤於工作的態度，就不能不欽佩他，其所以能在四、五十年歲月中，從戰敗國的廢墟，建起世界第一等強國是有其道理在。

其實所謂提升社會道德水準，所涵蓋的範圍非常廣泛，譬如說，要注意公共衛生啦，要注意公共秩序啦，勿取予非份之財之物啦，不要亂貼標語廣告啦，有禮貌的待人接物啦……這些大家都知道，但就是做不到，雖然有的是疏忽了，有的也未嘗不是有意的。有一種人認為能不守法規是有「面子」者的特權，有一種人視違規為佔了便宜。

說也奇怪，中國人在自己國內，會注意法規紀律的不多，到了別人管轄下時，卻順得很，遠的不說，以台北外國人機構的中國僱員來說，總比在中國機構工作的人聽話；在香港的中國人，也比台灣的或大陸的中國人守法。新加坡的更不用說了。

廿多年前，因公到琉球訪問美軍基地，有一天，一個中國朋友請客，玩到半夜，乘他自用車子回招待所，車行在冷清的公路上，到一個十字路口，朋友停車左右顧盼之後，再向前開行，那個十字路口在郊區視界甚廣，不停車也可以看到左右並無來車的，我問他為什麼要停車，朋友說：「不停不行，這裡不是台北。」對，在台北可以馬虎一點，「大家自己人，有話好商量。」在日本，我也注意過，斑馬線、行人穿越道不必說，車子都要停下來讓行人先通過，就是沒有劃線號的十字路口，只要發現有人站在路口想要穿越馬路，車子也必定停下來，讓你先走。日本、香港、新加坡的十字路口都沒警察，維持其交通秩序的是「社會道德」。

每天早晚，看到學校附近，老師帶著小學生、中學生、拉著繩子，舉著旗子，在維持交通秩序，我看了心裡就難過，開車乘車的，可能就有這些孩子的父母兄姐，不知道會不會反省，因為自己不遵守交通規則，可害苦了孩子！

好像有一年中秋節，有人提出一句口號，就是「別讓嫦娥笑我們髒」，於是在中秋那晚，發動了不少人，在各賞月場所，送塑膠袋，那一夜是好一點，可是嫦娥所見到的，不僅僅是中秋節那晚！別的月夜，又將如何？我倒想了一句口號：「我們不要到處亂丟垃圾，別讓土地公頭痛！」（請注意，土地公就是財神爺，惱火了他，你就別想發財！）

為翡翠水庫，是否開放觀光，鬧了很久，主要問題在於開放觀光之後，會引起水污染的後遺症，我想這是作為一個中國人，都應該覺得丟臉的事；我們看看日本的蘆之湖、支笏湖等等觀光湖泊，在湖畔、湖上觀光的人不少，這些湖泊不但水清可以見底，湖面、水邊看不到一點飄流物，水邊也看不到污濁的泡沫，套句近來時髦話：「日本能，我們為什麼不能？」這就在於國民的社會道德問題了。

咱們敝國，有很多事情，老是五分鐘熱度，一切有關公眾事務的事，都訂有規範、罰則什麼的，一個宣傳週、至多一個宣傳月之後，就草草了事。時代在進步，社會形態跟著會改變，一方面是法律跟不上，一方面是官、民都養成得過且過的心理。以整頓交通來說，緊一陣、鬆一陣，每年總要來個一兩次，過了那一週，或那半月，交警歸交警，駕車歸駕車、行人歸行人、法規歸法規。大家都知道，台北交通的紊亂，世界有數，反正就那麼回事，開車的不守法，走路的不守法，執行的不守法，光憑安裝電子設備，就能整好交通？我不相信。

當然，社會道德也包括待人接物的人際關係在內的，今天我們的社會，人與人之間關係，真有不知如何說起的感覺，每天翻開報紙、打開電視，總有許多極其不可思議的事發生，有的簡直不敢相信真有其事。譬如說：不良青少年吸毒啦、拐賣人口逼良為娼啦、強盜殺人啦、因為瞄人家一眼，就給捅了一刀啦，這都是極稀鬆平常的事了，沒什麼可談的，至於竊盜集團、竊車集團等等，那也是時代產物，世界各國都相當普遍，我們也有，只是跟上時代，不算特例，看看以下這兩則新聞，就知道什麼是特例：

四月十日中國時報第五版：

【霧峰訊】男子邱賢忠追求女友被拒，由愛生恨，九日清晨持鐵錘、硫酸和兇刀，於霧峰鄉吉峰路女友住處，將女友母親黃絹擊傷，並追殺女友吳省非致死，霧峰警方據報前往工廠宿舍將兇嫌圍捕逮獲，依法偵辦中。

警方調查，於霧峰鄉吉峰路中台塑膠公司工作的邱賢忠（卅歲、花蓮人），由於經常前往吉峰路十八巷十號黃絹（四十九歲）開設的雜貨店購物，雙方交往愉快，邱賢忠進而前往賃屋同居，被認為義子。

邱賢忠中意黃某女兒吳省非（廿五歲），因為雙方學歷懸殊，加上對方並不投緣，遭到拒絕，因此由愛生恨。

九日清晨四時五十分許，邱賢忠持鐵錘潛往隔壁房間，擊打黃絹頭部，同房居住的吳省非和住在三樓的同母異父妹妹萬寶蓮，都聞訊起來阻止。

兩人合力將邱賢忠拖往客廳，邱某則跑入自己房間持拿硫酸，朝她潑灑，萬寶蓮見狀轉身逃跑下樓，不慎腳部撞及門窗受傷。

吳省非則被硫酸波及，下樓奪門而出，但為邱賢忠持刀追殺，逃出一百多公尺於吉峰路卅四之四號前，遭邱某追及，刺殺頭部、喉部各一刀，當場倒地死亡。

事後，邱賢忠潛返工作的中台塑膠公司二樓宿舍，準備收拾逃亡，警方據報後迅速派員前往圍捕，邱賢忠跳樓頭部受傷被捕，經送明鴻醫院救治。

目前，黃絹則因頭部受傷住進金生醫院診治中，警方並報請地檢處相驗死者，同時依法進行偵辦。

四月十二日聯合報第五版：

【台北訊】脫逃通緝犯張文富等涉嫌到朋友家中用藥將朋友迷倒後，偷竊價值六十餘萬元首飾珠寶，經台北市松北警分局循線追查，將其與四名嫌犯全部逮捕，偵訊後依結夥強盜及違反槍炮彈藥刀械條例分別移送偵辦。

警方表示，嫌犯張文富（廿三歲）因脫逃案被追緝中，本月十日下午夥同張清海（十九歲）及十七歲鄭姓、十六歲張姓少年前往台北市八德路三段一五八巷八弄朋友羅新翰家中拜訪，到了晚上十一時卅分許離去後，羅的家人發現家中首飾盒失竊，內有珠寶、項鍊、鑽戒、耳環等價值六十多萬元，立即打電話向台北市警局松北分局報案。

警方立即前往木柵指南路三段卅三巷五號張文富住處，在他房間內發現大批贓物，由於張文富為脫逃通緝犯，立即被警方逮捕。

據張文富表示，十日下午夥同張清海、鄭姓、張姓少年到羅新翰家中拜訪時發現屋內首飾盒有大批金飾，即藉故將羅帶出去喝咖啡，席間故意將他支開在咖啡內放下兩顆安眠藥，不久五人反回八德路二段羅的住處，雖然羅新翰有一點神智不清但藥力仍嫌不夠，他又藉故買解酒藥為由將羅帶到附近西藥房，由張清海等下手偷走首飾盒。事後四人平分贓物。

警方隨即根據張文富的供述將張清海及張姓、鄭姓少年逮捕。

這兩則新聞，都是隨手撿來的，都不是太大的事，但卻說明了社會道德淪喪到什麼地步。

當然今天要想讓社會祥和安樂而有秩序，社會教育上要痛下功夫，我們今天似乎太注意經濟成長、太注重尖端科技發展，因而忽視了精神教育，使社會的倫理、道德虛脫了。這是一個民族的悲哀！當然，人需要靠麵包而生存的，但如果僅僅為了麵包而活著，人生又有什麼意義呢？這不是高調，因為一個人如果為了活命，吃一個麵包過的一天，和一席千金過的一天，同樣是廿四小時，絕不會多一分鐘或少一分鐘的。

一個國家要富強，提升國民社會道德是重要的一環。尤其我們老要標榜我們是「禮義之邦」，可是，看看我們今天像個禮義之邦嗎？嗚呼！

（民國七十四年五月「文壇」月刊）

四、這種形象是我們努力的結果嗎？

我們建設台灣，如果從台灣光復那天算起，現在是快滿三十七年了；如果從中央政府播遷台灣算起，也三十三年了。

我們建設經營這塊土地，可以說是從殘磚破瓦的廢墟裡重建起來的，雖然說日本人霸佔台灣五十年，在這裡有一點點建設的「基礎」，可是，在接收當時，卻已經給美國人炸得鼻子眼睛都分不清了，僅僅剩下那麼個輪廓而已；至於物資之匱乏，更不是今天的年青人所能想像的。老實說，民國三十四、五年的時候，大部份台灣同胞，冬天身上能有毛衣穿的，似乎是絕無僅有；平時腳上能有皮鞋穿的，也並不多見，至於一般生活情形，相信四十歲以上中年人，如果不清楚；四十五歲以上的，應該會有深刻的記憶。台灣之有今天這局面，無疑的是我們所有軍民同胞，守法守份、胼手胝足，和政府正確領導，苦熬出來的。

可是，誰會預料得到，正是苦盡甘來，剛從逆境裡翻滾過來的時候，卻又陷入了，難於「安居樂業」，終日生活於「提心吊膽」的恐怖困境中！

最近這十多年來，全世界（包括我們的敵人中共在內）莫不讚羨台灣經濟發展出了奇蹟，盛道我們人民生活水平的提昇，承認我們的政治環境最安定。也許就因為我們過份自滿於這些成就，也許因為我們過份陶醉於這種現實，我們忘了居安思危，忘了物極必反，忘了滿招損。我們祇顧宣揚經濟富裕的一面，以致導使整個社會陷入於奢靡、浪費、鋪張、虛偽、淫逸、投機的畸形發展；更由於過度突出地加速自由、民主的步調，使尚未生根的現代法治觀念，失去了平衡。

又更由於，近些年來大眾傳播媒體，普遍的超越了新聞自由、言論自由的範疇，而造成唯恐天下不亂的心態，大力地「隱善揚惡」或故意擴大真實情況的結果，不但助長某些惡勢力的氣燄，也有意無意的給某些人以犯罪的導向和暗示，尤其影響一般行政人員面對問題處理的決心和措施。

我們每日打開報紙，幾乎沒有一天不充滿姦、殺、搶、盜，從計程車駕駛姦劫女客，到綁票勒索；從闖空門大搬家，到獨行大盜械劫銀行；從走私販毒，到竊嬰外銷，其它如貪污、索賄、娼妓、兇殺……。不但報導事實，而且有過程、手法的詳細描繪，文字報導之不足，還有電視、廣播繪聲繪影的補充；口頭播報之不足，更有電視劇、電影的再現。犯罪者的身份，不少是大學生。真叫我們不知今日身處何世，更使我們天天都在驚心動魄、提心吊膽中過日子。

目前這種現象之所以發生，且日有變本加厲之勢，當然，在我們很多所謂的專家、學者說法，是社會轉型期心理不能適應的過渡現象，可是，在我們直覺看法，我們一些人過份強調自由、民主、人權所促使是一個主因，最主要的觸媒，應該是政府對處理某些特殊案件，因為特殊人物或特殊背景，而過份寬鬆、過分放縱，致使一般莠民，藐視了法律，看扁了政府，他們把政府的寬大政策視為顢頇，把重視人權的德意，視為無能，更何況有部份傳播工具，在所謂新聞自由的掩護下，興風作浪式的，有意無意地直接間接的在鼓勵著，還拖著政府的後腿。一個最明顯的例子，新竹少年監獄鬧事，一個自稱第一大報的，居然全版批評監獄管理不當，請問在數小時之間，這報紙能瞭解全盤狀況嗎？這不是給少年監獄人犯撐腰，有意擴大民眾對政府的誤解嗎？再就是一般報紙都以大篇幅，報導演藝人員的聲色犬馬生活，能不說是在鼓勵國民大眾，趨於荒誕，趨於淫逸嗎？

我們含辛茹苦的，苦熬、努力了三十多年，難道這種形象是我們應得的結果嗎？

（民國四十一年六月「文壇」月刊）

五、要搰著良心說話！

小老兒是民國卅五年，過了端午節沒幾天，到台北來的，也就是台灣光復後的幾個月之後，那時候年紀不大，頭腦單純，做事認真，幹勁十足。

第一屆光復節，先總統 蔣中正和夫人在中山堂陽台接受群眾歡呼，我是站在陽台下萬眾歡呼的群眾隊伍的第一排。現在一回想，已卅七年多了，第卅八屆台灣光復節，差十多天又到了，套句成語，真是「光陰似箭，日月如梭」！看看自己，也正應了「白了少年頭，空悲切」！

台灣在這卅八年來，絕大多數台灣同胞，從穿麵粉袋、吃醃蘿蔔、糙米便當，到今天穿法國絲毛織品、吃神戶牛排、法國拿破崙白蘭地，小老兒那一點，不是親眼目睹！

人，都有自私心，地域觀念，也不僅僅是台灣同胞特強，今天有很多人，好像老嘀咕這點，總覺得是個問題，實在是心理作祟，也多少是自卑感使焉。因為從大陸逃難到此地，雖然已經三十幾年了，總有寄人籬下之感，心理上總不踏實，於是雖只是極少數幾個省籍同胞給兩句不中聽的話，自己就有指桑罵槐之感，以文藝界來說罷，比如，有人搞鄉土文學，就有人以為是有意搞小圈圈；又比如，有人搞鹽份地帶文藝，就有人認為是有意造成地域分離，當然，這其中不能說沒有人從中利用，有意挑撥、煽火，相信絕大多數文友並沒有惡意，至多只是想創個格局，有個自己的地盤，就是有若干走火入魔，不能盡合人意之處，也只是想標新立異或被人利用而不自知的居多，再就是所謂「代溝」問題，總覺得老一輩的，和他們格格不入，落伍了，沒法和在一道。想想看，在大陸上，不是有蘇白文藝作品、廣東方言作品、福州方言作品？推行國語運動，多少年就不能在廣東福建暢行。當時我們在大陸，就沒有所謂「地域觀念」的芥蒂，甚至世界級大都市上海，不也是如此嗎？有上海話文藝，多數人根本不肯學國語，見了外地人還擺一副海派架勢，總看不上眼鄉巴佬，「阿拉·阿拉」的那又如何？還有，我們老早不是已經五族共和了？而今我們還老把滿清統治的二百多年叫異族統治嗎？

人就是這麼回事，越是不如意的時候，越是會生疑心病，愈是順利的時候，也就愈是聲壯氣宏。台灣雖然是我們國土的一部份，但外省籍同胞在這裡，心裡頭總沒有落葉歸根的感覺，雖然許多人在這裡娶妻生子，男婚女嫁，建屋置產，大家早已不分彼此了，但總有不是生根的地方的想法，相信連稍有腦筋的省籍人士，都清楚的瞭解，大家的前途都在大陸，甚至今天拚命想去美國的，也只想暫時逃避。

卅八年，大陸情勢逆轉的時候，小老兒一個年輕時朝夕相聚的好友，從福州接他的老娘到台灣來避難，因為他是單身漢，就暫時把母親寄住在我家裡，那時我住的是日式一共只有兩房的小屋子，自己兩夫婦三兒女，本來就已經夠擠的了，但是好友的老娘，我能好意思不招待嗎？當然只好擠一擠，而且我夫婦把他當親娘一樣的侍奉，因為小孩都小，難免頑皮要打罵，在我們本來是很自然的舉動，可是幾個月之後，老太太搬走了，鄰居們傳話說，老太太因為覺得你們討厭她，所以常拿小孩出氣，指桑罵槐，因此她才搬走的。起先我還懷疑，以後我那朋友也少往來了，老太太更別說啦。相信這種情況，不只我一個人遭遇到，可能有很多人吃過這種啞吧虧的。人貴互助，更需要互相瞭解，有很多事情，多設身處地的想一想。老實說，卅年河東、卅年河西，誰幫誰都不會永久的，最主要是要放大眼光，向遠處看，如果單為了一時的利益，將來不報在自己身上，也將應在子孫。

少數所謂「黨外人士」和搞「黨外刊物」的，非常明顯地，在利用地域心態，製造省籍和非省籍人之間的矛盾，製造國民黨與非國民黨之間的矛盾，說是為了追求政治民主，說穿了還不是覺得，這碗飯本來該他們吃的，現在卻給人家吃了，至少也被人家分了一半。不管搞反對黨也好，搞台獨也好，大家可以一目瞭然地看得出，都不是為「救國」或是「救台」而搞的，當然更談不到救民。身為中國國民黨黨員，小老兒我絕不本位主義，我對國民黨的許多作風也並不滿意，因為國民黨也實在並不健全，如果健全的話，今天也不會在這麼一個小島上，拚著命替人家謀福祉還得看人家臉色，處處低聲下氣，國父給人家罵了、總裁給罵了，還要裝著一副民主的臉孔。

可是，話說回來，一個家庭，不要說有兒女，只有兩夫婦都會有意見，何況是一千八百萬人在一起，能沒意見嗎？教育普及的結果，大家都會有思想，有思想就有自己的看法，有抱負、有希望、有幻想，達不到想要的，當然就只有開罵，管他有沒道理。如果說罵街就是排外，那也不盡然，你沒看到本省籍的，上自副總統、省主席、縣市長，甚至鄉鎮長不也都在挨罵之列？在「黨外人」的眼裡，只要你佔了他的位子，（其實他不見得能佔得到，佔到了也不見得有那能耐幹得好，但是他這麼認為。）都不是好人，因為這些人，總認為只有他們這一窩人才夠格，不是他們一窩的，就不配。這是搞政治嗎？

目前的情況，較之民國卅七、八年在大陸還糟，當時中共和他的同路人，雖然明火打劫，燒殺擄掠，卻還不敢放肆到指著鼻子罵 國父，甚至今天成了氣候了，還得尊稱中山先生為「人民革命的先行者」來供著，也不敢稍有不敬，而今天這些所謂的「黨外人」、「黨外刊物」，已經狂妄到了指名叫罵，這是政治人物所當為嗎？簡直比我們貫常稱之為「匪幫」的還過了頭。至於先總統 蔣公和今總統經國先生，我說過，如果說他對不起大陸同胞，還情有可原，因為他畢竟拋下了好幾億同胞在水深火熱之中而無力挽救。但作為台灣同胞，還要指名道姓的冷嘲熱諷，就未免有失公道！不管你是政治家也好、文化人也好、一般平民也好，應該心裡都瞭解，這卅幾年來，是他帶了一批子弟來，流血流汗，胼手胝足，在這裡搞建設，在這裡辦教育，在這裡興工業，才讓這裡所有的人，不但提升了生活層次，也過著中國有史以來，（當然更是台灣有史以來）富足安康的生活。而今，不但有這麼少數人，卻不思如何來承繼、光大這既有的成就，竟顛倒黑白，處心積慮的，勾結外洋流氓，打著民主的旗號，斲喪民族生機，擾亂社會秩序，企圖動搖國本。喊去中國化、喊自決，想想有良心嗎？憑什麼？這一小撮人，已經掐了政府和執政黨的脖子了，還叫不民主；指罵了國家元首以及其家族了，還叫沒有言論自由，全世界那一個國家有這等事？美國有？還是英、法有？老實說一個國家的好壞，是靠全體國民誠心合作才會進步的，卅年，能夠從戰亂的廢墟中站起來，已是不容易，更何況，內有強敵，外有環伺的惡鄰？

卅八年來，經濟方面：我們看著王永慶站起來，看著陳茂榜站起來，看著吳火獅站起來；政治方面，看著謝東閔出人頭地，看著李登輝出人頭地，看著林洋港出人頭地。

「黨外」的老弟們！祇要有本事，總會有機會；組成了反對黨，你是黨魁？還是他做黨魁？台灣獨立了，是你當總統，還是他當總統？恐怕還要嘶殺一番吧？因為絕不可能你們一伙人全是黨魁或且全是總統的。那又何必攪擾得人神共憤？如果是幫中共搞，那更大可不必。越南反政府的那伙人是一個例子；大陸淪陷之前那些所謂「民主人士」也是一個例子，今天又都如何？前車之鑑！寫文章的朋友，總喜歡憑一時之氣，自以為能筆掃千軍，請注意！「革命」成功了，宣傳部長絕不可能是你，那又何必呢？你想全中國有幾個像李敖那樣，他說他是五百年來第一人。不錯他文思敏捷，運用資料是一流高手，可是，你想過沒有，他今天除了罵街之外，他算什麼？文人？學者？政治家？教授？政論家？你說他歸那一類？他今天叫著、喊著！真把國民黨搞垮了，他又如何？「黨外」的敢用他，還是他願為「黨外」所用？還是他自己獨立一國？

慶祝七十三年國慶之後，接著又慶祝卅八屆台灣光復節，回想過去，看看現在，想想將來，小老兒希望大家都捫著良心說話！

（民國七十三年十月「文壇」月刊）

六、邦聯、自決、自殺

當父母的，如果遇到兒女惹事生非，捅了紕漏，覺得有辱門楣，有傷顏面時，一定是搥胸頓足地，痛恨錯生了兒子，早知如此，必在下地時就活活掐死。可是，問題出來了，氣死了活該！

同樣的，作為一個選民，看到自己選出來的那些個代表進入各級議會，為自己行使政權的所謂「民意代表」，拿選民克勤克儉樽節下來的血汗錢，吃喝得神氣十足，在那裡不能為國家出力，不能為選民說該說的話，爭選民該享的權利，卻趁機為自己私利私慾作賤政府官員，左右有關法令，甚而至於挖選民的牆角，你想，除了槌胸頓足地後悔當初，選錯了人，投錯了那張票之外，氣死了活該！

本來民意代表這東西，要求素質盡如理想，實在也不容易，俗話說：「一母生九子，連母十條心」，人心隔肚皮，有許多人，平時看似道貌岸然，說起話來，仁義道德，結果到了利字當頭，說變就變了。不要說今天作為一個政府需要他們支撐民主場面的議員如此，就是國民學校裡的學生又何嘗不是如此？再看看那一個民主國家的議會不是如此？美國也好，英國也好，日本也好，也何嘗沒有包娼、包賭、走私、販毒、訟棍、惡霸之流的代表或是議員。真正的所謂政治家，也並不多。所以，每一次選舉的時候，主辦單位總是一而再的宣傳，要「選賢與能」，要選好人，到最後，總有人覺得選錯了，當每次看到，傳播媒體報導那個民意代表在議堂裡「獻醜」的新聞時，總是氣得咬牙切齒，恨不得把他掐死，可是悔之晚矣！氣死活該！

我們的各級民意代表裡，好的不能說沒有，不但有，還真不少；可是壞的，的確也很多；就和現在最走霉運的警察一樣，你能說警察沒做事嗎？出生入死，奮力從公的多的是，而就給那麼幾個壞份子，把警察的聲譽搞的烏七八糟。也就是那幾個壞胚子的民意代表，把我們對所有民意代表都有了壞觀感。以立監委來說，增補的還好辦，這次不理想，下次就再見；那些從大陸帶來的萬年國會的那些代表裡，一些壞胚子，還真難處理，除了等天主召他之外，又不敢掐死他。

不過說實在的，民意代表，在基本上，份子就是不整齊的，因為他是代表各階層國民，選民的層次不同，選出的代表的層次當然也不同。你想想，寶斗里、江山樓姑娘投票選的立委或是議員，會選一個搞科技的嗎？那些姑娘要科技幹嗎？她需要是老鴇子的保鏢，所以現在傳播媒體也好，民眾想法也好，對議員向各機關，替民眾關說，頗為垢病，小老兒認為這觀念要改，因為選民選這些民意代表幹嗎，就是要有人替他說話，除了國家大事之外，他「家」的大事——在別人看可能是雞毛蒜皮小事。也總要有人管，他不找議員，不找立監委，找誰？而這些民意代表，不「為民服務」，選民幹嗎要選他，還要養他。所以我以為民意代表替選民到各有關機關關說，這是他對選民應盡的義務，至於有關單位，該怎麼辦，那要根據法令行事，所謂國法不外人情，明明是死刑犯，政府還要公設辯護人，替他辯護，為什麼？因為總希望給他一線生機。因此，民意代表替什麼身份的人，關說什麼案情，只要不是出於私心，不出於強制、威脅，是應該的；要不要通融，能不能通融，權力操在主管單位，如果不該變通而變通了，那是主管者失職。

有很多事情，是要衡情度理的，但，也有的事情，有其基本法則，不可改變的。作為民意代表，應該有此基本的認識，雖然說民意代表的出身，和所代表的層次不同，對這基本原則，應該有所認識，因為那是民意的重心！

最近，有個東北籍的立委費希平，竟然在立法院提出所謂海峽兩岸建立「邦聯」政府，這不但不是民意，而且脫離了基本原則，這明明是適時的和中共最近所叫囂的

「一國兩制」相呼應，雖然說在議會內部說話，可以不負法律責任，但，作為選民的我們卻希望要追究。（費某人當初當選立委的票數，我想絕不會超出現在在自由地區東北人的人數；甚至可能還是敝國民黨自己種的孽種，點名徵召的。）據說此人本來是國民黨員，以後總登記的時候，沒有歸隊。當時沒有歸隊，我想不外三個因素：其一對中華民國沒有信心；其二對國民黨沒興趣；要不就是已和中共掛鉤，暗中臥底，待機蠢動。而現在正是時候，和「一國兩制」相應和。情治單位，可否很慎重的，替費委員查查病歷，因為他現在患的不是小毛病，反正現在立法院因故出缺的多的是，再出個缺也沒什麼了不起的。

另外，有一小撮省籍委員，有的要「獨立」，有的要「自決」，當然他們也都有一套說詞，有的甚至認為他們不是中國人。還好日月潭的毛王爺，或是華愛、楊傳廣沒有這念頭，不然還真可以振振有詞，因為他們才是真正台灣原住民。小老兒真不知道，這些人是那根筋接錯了，簡直是幼稚到了家，搞政治連政治的基本常識都沒有，單憑幻想能成嗎？台灣是中國的一部份，是中華民國的一個行省，這是誰都不否認的，我們這樣認為，中共也這樣認為，全世界也這樣認為。如果台灣可以獨立或是自決，那金門、馬祖也可以獨立、可以自決，因為金門馬祖的人口土地，至少比諾魯要多，甚至澎湖也可以獨立、自決。老實說，今天中共所以提出「一國兩制」，可以說是「委曲求全」，實在是因為台灣有其存在的條件，有其不能消滅的因素，也就像對香港，中共不是吃不下，而是吃下之後，不但無益，反而有害，當然只有還就事實，你說一個實行共產制度國家，容許資本主義制度存在，不是給自己臉上抹灰嗎？

中共之所以允許台灣成為一個特區，正如最近日本自民黨政務調查會長藤尾正行，對中共記者說的：「中華民國仍然存在，我們與『中華人民共和國』建交，並不能改變這個事實」。所以全世界許多國家，雖然和中共建交，但對中華民國的存在，並沒有改變事實，許多國家承認中共政權，是基於個別利益，但絕不能否定中華民國存在的歷史和實質事實。而台灣獨立了，中共肯承認嗎？世界各國敢承認嗎？如果是「邦聯」或「自決」，那就更等而下之了，台灣不過是個地方政府；一個地方政府，能脫離母體而獨存嗎？西藏是個活生生的例子，達賴喇嘛在印度也有個政府，誰敢承認西藏是個獨立的國家？反過來說，因為達賴是西藏人民的精神領袖，中共沒有達賴，西藏的民心始終無法安定，所以他要爭取達賴。

今天就因為有中華民國政府在，而且是個富裕的、民主的，中共才會在海外對華僑，裝笑臉拉近乎，對國際間送人情、拋鈔票，搞所謂的「統戰」。對台灣套交情，求合作。讓短視的華僑、學者覺得中共可愛、可親，讓這裡的野心家覺得有利可圖。如果沒有了這個政府，他還需要統戰、爭取嗎？老實說大陸有十億人口，少幾個華僑又如何，少千把萬台灣人又如何？

邦聯也好、自決也好、獨立也好，都是自殺的行為，別做夢吧！我們的「政治家」！

小老兒不是政論家，說的是實話，也不咬文又不嚼字，就是頭腦略為清醒，是就事論事。希望莫見笑啦！

（民國七十三年十一月「文壇」月刊）

七、如果沒有「中國國民黨」

先說一個真實的事例，作開場白吧！

小老兒的另一半，本來是在家裡管「內務」的，以後因為兒女都長大了。二十多年前，正是小老兒官場還算順利的時候，她要找個工作，消磨消磨時間。官場的情形，就那麼回事，成了。於是先是甲單位，一個時期之後，又轉到乙單位，頂順利的。大家都知道，她是「夫人」級人物，一切都另眼相看。當然，她頂著小老兒這塊招牌，再做些公共關係，人家也頂窩心的，吹吹牛什麼的，大家也都頂有好感。以後小老兒年齡大了，退休了，她可還在那單位留著，雖然小老兒官沒了，但還留有一點昔日的情份，或是友情什麼的，老太太幹的倒滿順心，沒人當面給她白眼看。於是，她一得意，總說：你從前總以為因為有你，我才幹得下去，你看，現在你垮了，我不是還幹得頂好的嗎？不是憑我自己的本事，還能留到今天？老實說：過去那段時間替你管家、看孩子，都是浪費青春。……說得理直氣壯，驕勢十足；反過來，還對兒女、親戚嘮叨：如果沒有我，今天那來的房子；如果沒有我，今天那來……。可憐哪！小老兒，過去的所作所為，全給否定了。看看有不少朋友，年壯氣盛的時候給退休了，不到三兩年，頭髮白了、銳氣沒了，人也萎了，給憋死了，就是受不了這種氣。

上面說的是一個家庭的情況，拿這個現實事例作開場白，可能不大頂合適，但是由小看大，大體上是頗為近似的。

現在就說咱們的敝黨，「中國國民黨」吧！

這裡所說的「中國國民黨」，和我們今天的政府、過去的政府是不可分的、不能分的，雖然體制上還有另外兩個黨，那可算不上什麼，因為它扶著都走不動，不提也罷。所以說「中國國民黨」，也就是當前這個政府，當前這個政府正是「中國國民黨」在撐著，因此說是二而一或是一體兩面應該不算錯的。

「國民黨」從推翻滿清帝制，到建立民國，到今天，其間的艱苦奮鬥情況，相信大家都非常熟悉，如果說沒有國民黨，就不可能有今天的中華民國，當然，如果沒有中華民國，也可能會有君主立憲的「大清帝國」，也可能換一個別的帝國也未可知，總之，這民主共和國的天下是孫中山先生和許許多多革命先烈、同志打出來的。

時至今天有三種情況：

其一、有不少國民黨黨員，認為他是不是黨員都無所謂，因為，黨除了每個月向他要黨費，每次選舉任何一類代表或什麼的，指定要他該投誰的票之外，對他來說，毫無作用，「黨」沒有照顧他，他也無法接近「黨」。

其二、利用國民黨作為升官、發財的台階的，這些人，要利用國民黨在地方選舉上，或是有利可圖的社團組織裡，佔一席之地，要國民黨支持他，給他配票，……。如他意的話，他是孝子賢孫，如果不能親他的心，如他的意，那就「拜拜」了！他可以脫黨，可以反黨。

其三、靠國民黨吃飯的，一部份人吃國民黨吃一輩子，能夠作一點事，倒也無所謂，有的，吃了國民黨的飯，背後還罵著，好像國民黨之所以搞到今天這步田地，就因為沒照他的意思做，因此國民黨不但活該倒霉，還埋沒了他。

以上是「黨內」對黨的三種心態的主流，至於黨外呢？——請注意，這「黨外」是包括一般民眾，也有三種。

其一、一般的觀念是，國民黨做的也好，政府做的也好，做好，是應該的，做不好，不管什麼，都該國民黨負責。

其二、做好的，是由於自己的努力，應有的收穫；搞壞了，國民黨要負責，政府要負責，要救濟。

其三、日本是戰敗國，戰後和我們同樣的時間，人家可以一下子不但復興了，而且成了世界一等一的強國，我們不能，如果今天還是日本的尾巴的話，也比今天強——就是當次等國民也好。

以上這三種心態，雖然不是三等分，但很不少。還好絕大多數的同胞，不這麼想，因為他們有民族思想，記得自己是中國人，「子不嫌母醜」，他們記得日本人統治日子的生活狀況，記得剛光復時候的日子；還有一部份從大陸跟政府逃難來的，嚐過共產黨的苦頭，知道共產黨那一套，就死心塌地了。

說實在的，世界上，沒有一種政治制度是完美的，也沒有一個政府是無缺點的。政治的推動力是人，政府就是由人組成的，有「人」就有問題，「一母生九子、連母十條心」。將心比心，今天叫罵國民黨的，如果執政了，可能比國民黨的更壞。據說當年在上海當美國合眾社記者，以後到香港搞亞洲畫報、亞洲電影的張國興，在大陸的時候批評謾罵政府最兇，以後他態度變了，美國人問他為什麼？他說，沒想到共產黨比國民黨壞多了，如果再罵國民黨，中國人就一點希望都沒有了。

又據說：名學者鄭學稼教授，民國四十幾年的時候，在當時美國在台灣對大陸心戰工作單位「NACC」工作，他是反共專家，但不是國民黨黨員，在那裡是拿美金待遇的，美國人希望他寫一點批評國民黨的文字，他不同意，他認為國民黨無論如何，要比中共好，如果國民黨再垮了，中國人就完了，最後他離開那個單位。

現在的國民黨，比三十年前、四十年前的國民黨，應該是更進步了。批評國民黨是應該的，「恨鐵不成鋼」吧！但如果像現在那些所謂的「黨外」雜誌，儘揭國民黨的瘡疤，儘詆黨政要人的隱私，就未免不是搞政治人物應有的作為，政治是競賽政策作為的，不是潑婦罵街的，中共當年就是這一套，拿到了政權之後又如何？

有一天和甯之懷老哥在一起，他說了一段名言，聽來也許是笑話，想想很心酸，他說：「國民黨最大的錯誤，是教育失敗，不應該讓台灣有這麼多人上大學，還念博士，大家都大學畢業了，當然就大家都想要當總統，至少也想幹個省主席、部長之類的，問題當然就多了。」

如果說一個政黨，不想永遠把政權抓在手裡，這是騙人的，高度民主如美國、英國或日本，政黨與政黨之間還是要用政綱政策來爭取選民的選票的，為什麼要競選，就是現在在執政的想幹下去，沒執政的想爭著幹，假如要想永遠執政，大家輪著幹不好嗎？不行，一定要拿出做法來。美國這次選舉，民主黨的力量夠大了吧？競選的時候，不是把共和黨、把雷根的政策，和四年多來的作為批評得一文不值嗎？結果呢？在選民的選擇之下，民主黨一敗塗地，主要是選民沒有偏見，他祇知道切身的利害，誰對自己最有利，就選誰。戴著有色眼鏡來看，都不是正確的。有句俗語說：「兩害相權取其輕」，因為大家心裡有數，國民黨再差勁，總有幾十年執政的經驗，假如換一批光說不練的來管家，有個萬一，怎麼了得？中共就是一個例子，當年不是把國民黨批評得一文不值？好像中國只有中國共產黨才救得了，老百姓也這麼想，結果呢？說句非常冒昧的話，中共還出了幾個像毛澤東、周恩來、鄧小平之流的角色；請問我們現在老喊著要組黨，老指著國民黨鼻子又叫又罵的，「黨外」仁兄老弟，有這等角兒嗎？

地域觀念不可能沒有，大陸如此、台灣如此、外國又何嘗不如此？不然就不會發生台北市的垃圾倒在台北縣，台北縣有人反對；永和的垃圾倒在中和，中和有人反對，但是想搞政治的人物要先要有遠大的眼光，要有民胞物與的胸懷。今天連擺麵攤的都懂和氣生財，懂廣結善緣，何況搞政治呢？尤其現在民智大開，老百姓的眼睛都雪亮的，誰是誰非一清二楚，起哄湊熱鬧會有的，真正到了緊要關頭，誰都會先衡量對自己的利害的。就如同孟岱爾和雷根競選，看起來，孟岱爾也是滿堂彩，氣勢頂夠的，結果呢？只有五十分之一的選舉人票，連所謂的民意測驗都不是可靠的。所以「黨外」人士，起哄、罵街，賣雜誌撈兩文是可以的，如果說，因為雜誌銷路不錯，就以為看雜誌的就是政治資本，就是支持者，那就大錯特錯了！

國民黨當然有他的缺點，而且缺點多得很，但是，今天如果說不要國民黨，真還不行，因為它拿得出過去的奮鬥史，它拿得出這二三十年的成果，它拿得出「三民主義」，要比空口說白話的佔優勢，雖然挑他不少毛病，而人民大眾生活改善了，總是事實。

老實說，今天中共統治下的大陸，之所以要批「馬列主義」，實施半吊子的資本主義，又是經濟特區、又是開放人民自由農業作為，自由商業行為，完全是被台灣的經濟優勢、政治民主給逼出來的；今天中共對海外華僑也好，學人也好，統戰、爭取、優待，也是因為有台灣在，所以他要別苗頭，大陸同胞因此而過得略為輕鬆，海外的僑胞得到了意外的重視。別看今天中共對台灣省籍同胞又是捧場、又是優待的，中共也是想從中作分化工作，事實上，如果今天台灣沒有一個強有力的政府和國民黨，台灣「獨立」了，沒人敢承認，投向中共懷抱嗎？說實在的，土地、人口都僅僅是大陸的零點零零幾，只算是邊疆小島，那時候，恐怕屁個優待都沒有啦！

開頭小老兒所說的另一半的故事，就是如此，她自以為她今天能夠在她工作單位過得不錯，是她自己的本事，她忘記了，因為小老兒過去幫人家不少，今天雖然沒落了，但還有故舊知交撐場，如果小老兒有天蒙主恩召，到時候，兒子媳婦好的話，還可以過兩天好日子，要不然就有苦日子過啦！

各位，言盡於此，別老看著國民黨不順眼，還有人故意使壞，拖國民黨後腿，還要清算國民黨，老實說，今天如果沒有中國國民黨帶來的那面青天白日滿地紅的國旗的話，中共他不會再要統戰啦，你我都要和那十幾億人過同等待遇的，海外華僑、學人，在十幾億人口裡又算得了什麼？台商要想過今天「優待」的日子，那就做你的大頭夢吧！小老兒說得衝動了些，罪過！罪過！

（民國七十三年十二月「文壇」月刊）

八、有這樣的「警察國家」嗎？

沒寫正文之前，讓小老兒先說一段自己的小故事：

小老兒沒念過小學，十一、二歲的時候，還在念私塾，比我大一歲的堂兄，和我同學，小老兒比堂兄書念得比較好一點；文、字也都比他略勝一籌。

老伯父很愛這么兒，的確，論長相比我俊得多，論口齒比小老兒也伶俐不少。因此，一說起讀書，老伯父多少有些酸味，經常總要找機會，捧捧堂兄；而對我這侄子，多少總給兩句刺話，鼓勵、鼓勵。

有一次，家裡有喜事，眾家親朋戚友都在場閒聊的時候，不幸有一位遠道來的親戚對我說：「××聽說你書念得很好，真不錯！」當時老伯父，看了一下他么兒，就大聲的說：「書念得好有什麼用？小小年紀，就好賭，將來大了不知道該怎麼辦？」

煞時間，全場都怔住了，嘆氣的嘆氣，搖頭的搖頭，平常伯父的一句話，眾親友都奉為金言的，本來就內向的我，還能辯解嗎？

從這時候開始，我的親朋戚友都認為我好「賭」，也從這時候開始，我準備著有一天，我一定要告訴老伯父，他的侄子根本不會賭、不懂賭。

可是，十五、六歲，我就離開了家，離開了我親友和老伯父，現在五十多年過去了，伯父也過世了，那些以為小老兒「好賭」的親朋戚友，也死的死了，活著的都在海峽的那一邊，我能對誰申訴？我是蒙了不白之冤！怎麼告訴他們，我迄今除了擲骰子會算點數之外，什麼「賭」我都一竅不通！甚至我四女二男連媳婦在內，沒一個會賭的。

但是，話說回來，我那老伯父，也不是無風起浪的，因為那時，我在學塾裡，曾和同學畫「蘭草」，前後花了幾枚銅板，給訛傳了，給擴大了。

這個故事，不是題外話，算是本文的引子。

多少年來，咱們中華民國，咱們台灣，給「黨外」人喊作「警察國家」（當然這是指廣義的警察，包括情治人員，但具體的形象還是穿制服的那些警察先生。）使部份美國人也認為是「警察國家」，少數華僑也相信這檔事。

你能說不是「警察國家」嗎？到處都可以看到警察派出所，分局；在紊亂的車輛陣容裡，不但有紅黃綠的交通號誌，還夾雜著警察、警車。一個十字路口，三個五個交通警察不算多；十個八個也經常有的是，現在不但有穿制服的，還有穿便衣的。（不是刑警）；在雜亂無章的攤販陣地裡，也夾雜著穿梭其間的警察，其他地方就更不必說了。

小老兒十幾年前，去了趟日本，在大阪要找一個朋友，因為大阪各個屋子沒有釘門牌的，（現在是不是有，不知道。）問老百姓問不出結果，想找個警察問問，就是看不到；想找個派出所請教，坐計程車，轉了好幾條街，問了好幾個人才找著，有那位置、那房子，難怪沒人注意到。在別的國家，好像「能見度」也沒我們這麼高。

如果說是「警察國家」吧？那真的是黑天冤枉！我想連上帝都不敢相信的。

你看到過世界上有那一個國家，老百姓為了防偷、防劫，一幢幢房子，從大門到窗戶，從通氣孔到狗洞，都裝上鐵門、鐵欄杆、鐵絲網、鐵……，一家家像個鳥籠，一戶戶像個監獄，不但一二樓的裝，高到五六樓的還裝。情願有火警的時候，一家大小做叉燒肉，還是要裝。因為警察連小偷小盜都管不了，有什麼辦法？

據說：「文壇」的一位作者，不久前，到環亞大樓吃晚飯，自用車就停在環亞飯店的路邊，不到兩個鐘頭出來，發現車窗玻璃給砸了，音響被偷了。於是趕快到派出所報案——請注意，報案不是希望能找回音響，而是要一張證明，保險公司才肯理賠。他對承辦的警員順口嘀咕了一句：「怎麼搞的，這麼早（晚上八點半前後）也敢偷。」

「那有什麼稀奇？」警員很灑脫的說：「人家還有白天被偷的呢！」

「我說在那麼熱鬧的地段，這小偷膽子可不小。」作者先生又說了一句。

「這算什麼？」警員又說，「在我們分局門口，刑事組長下車上樓拿東西出來，車子已被人家開跑了，前後不到十分鐘。」

你說，這段對話夠妙吧！

作家王先生，單身住南勢角，去年冬天的一個深夜，門鈴響了，在對講機一問，說是找姓陳的，王先生告訴他不姓陳，對方說沒關係，請開門。王先生當然不開，可是門被踢開了，一下子已經上樓敲他家的門了，王先生打開門，隔著鐵閘門一瞧，三個年輕小伙子，在外面要他把門打開。王先生很機警，說：「我們不認識，開門幹嗎？」那三個人說：「不認識沒關係，我們進去談談。」王先生說：「那怎麼可以！」（由此可見裝鐵門還是有道理的。）他趕快關了裡面的門給派出所打電話，報告當時情況，希望能派人來處理，可是，對方卻說：「夜這麼深了，我們警力不足，派不出人，你自己想想辦法，讓他走吧！」萬幸，那三個傢伙自己走了。

第二天夜裡，又來了，王先生還是把自己關在鐵籠裡，對那三個年青人說：「各位，我知道你們的來意，可是我是一個窮記者，沒錢，你找我，得不了多少，將來出了問題，你們還是結夥搶劫，得不償失的，要幹你就找有錢的，最好是不要幹。」王先生很懇切的說。

「你開門吧！我們進去坐坐。」三個裡面有一個開口。

「門我是不會開的！這樣吧，天這麼冷，你們也夠辛苦的，」王先生說著，一面往口袋裡掏錢：「我一共只有兩千塊錢，給你們一半，你們哥兒去喝點酒，暖暖身子。」

「這傢伙還滿上道的，我們走吧！」三個年輕人的一個說著，就一起走了，那一千塊錢也沒要。

像這樣啼笑皆非的例子不少，祇是略提一二，可見我們毛毛賊之猖狂，這像是一個「警察國家」嗎？

再說比較大一點的吧。

幫會問題，已是相當可怕的程度了！沒「掃黑」之前，我們這些安分守己的，還不大注意這些，這次「掃黑」之後，才感覺這事非同小可。根據旁敲側聽，咱們敝國，幫會之數，雖不可能上千，三、兩百個應該不會少的。而且這些幫會等級齊全，社區性的、縣市級的，全國性的和國際性的。這也難怪，「民主」吧！「人民有集會結社的自由」，（請注意，還是戒嚴地區。）何況這些幫會有的還和少數民意代表攜手合作；又何況，我們的三家電視台，多少年來一直都在「教育」觀眾，從少林、武當、華山、恒山到西域苗疆武學：從東廠、西廠到大內高手；從青幫、洪門、丐幫到七煞、五鬼、玄武、古墓等等幫派，直往青少年觀眾腦袋裡裝；每日報紙社會版也是活教材，一切打、殺、搶、姦都有詳細描寫，如果說這樣「有計劃」的培養、教育，還不能在此道上出點人材，那我們國民的智商簡直就太有問題。

本來武俠小說，應該是無政府主義的產物，因為民眾不信任政府，不信任法律，所以有問題才要自己解決，有冤報冤，有仇報仇。可是，這類小說裡的人物也好，幫派也好，強調的多數是維護民族莊嚴，恩怨分明；為忠、為孝、為義，多數是救弱扶危，劫富濟貧；殺的是貪官污吏，土豪劣紳。但是今天看看我們影視裡所表現的，有幾部是在「俠」和「義」上有所表現，尤其目前最為吃香的武俠「大師」金庸的作品，可以說絕大多數是心理變態之作，不是徒弟背叛師父的，師父熱戀徒弟，就是為了「祕笈」，殺的六親不認，敵我不分；為了爭名奪利，可以父子殺戮，夫妻相殘，兄弟朋友就更不必說了。反正大家都衹注意到，情節熱鬧、衝突性大，有可讀性，卻疏忽了它隱藏的毒素，和它的副作用。

小老兒不是保守派，平常也喜歡「武俠」小說，而且認為中國人從前教育不普及而能重道德、講信守，講為朋友可以兩肋插刀，為忠義可以毀家喪身，這種教育多數是來自通俗說部，來自俠義小說。而今天變了，今天是祇武不俠，而且成了以武為脅，更談不上仁義道德。在這樣的環境，這樣的暗示之下，人性如何不變？我們今天的幫會之所作所為，是包娼包賭、走私販毒、放高利貸、抽地頭稅，不但不能濟弱恤貧，反而是專門敲搾剝削老弱婦孺，升斗小民；不但不能舉發土豪劣紳、貪官污吏，反而勾結利用，魚肉鄉里。當然今天的社會病因很多，病源不少，傳播工具之未能有效運用，反而產生了反效果、副作用，相信是其一端。

看過美國的西部影視片嗎？那當然就是洋武俠，看看人家絕大多數都強調：殺老弱婦孺，殺手無武器的人，背後開黑槍的，都是卑鄙行為，會被人所不齒；打架的時候，都是一對一的單人獨鬥，沒有我們那種一以敵十、敵百的；也沒有我們那種幾個、幾十個打一個的。再兇悍的強盜，見到最窩囊的警長，也都客氣三分，（除了極少數的例外）再霸道的地頭蛇，也要利用、或脅迫一個警長來替他作掩護，因為警長是代表法律。就是說壞人在法律之前還是要低頭。

美國不是講「民主」的嗎？但人家是有原則的。我們今天不是有許多人，動不動都「挾美」自重嗎？為什麼不學著人家一點？

「掃黑」行動之後，由一般民眾的反應，可以看出老百姓對警察仰賴、寄望之殷切，小老兒不願意說老百姓對警察「崇敬」或是「敬愛」，因為有少數警察先生的確並不值得「崇」或「敬」，甚而至於可以說，今天有許多社會問題，是由於少數警察造成的，至少也是因警察失職、放縱所使然。

當然，民眾也深知警察人員裡，絕大多數是稱職的，但就算是少數的給多數的臉上抹黑，讓多數的揹了黑鍋，似乎還是不能讓民眾有所諒解。主要是民眾對警察的依賴過重，在民眾的生活中佔的份量太重。

由最近的捐款添置警察裝備，簽名向警察致敬之熱烈、之主動，可以看出正是警察先生最好整肅風紀，提高聲譽、權威的時候！

這次，咱們警察先生的運氣真好，也可能是咱們貴國國運「越冷越開花」。我們剛一「掃黑」，不到幾天，美國這「民主」國家，也緊接「掃黑」，好像比咱們還狠，這才把我們那些一切看「美」人臉色的「人士」啞口無言。不然，我們又難免要揹上「警察國家」的黑鍋了。尤清尤委員，由這次護衛羅福助事件看來，使大家都覺得過去高估了他了。尤先生太沉不住氣了，現在該後悔了吧？

說咱們是「警察國家」，實在太抬舉我們了——雖然祇有少數老美寶貝蛋的議員像甘迺第、索拉茲之流才相信——其實美國參議員也有不少和咱們貴國的民意代表一樣，根本就是混混，就是想譁眾取寵的傢伙。看看菲律賓反馬可仕的艾奎諾之所以敢於冒然返菲，以致死於非命，誰都想得到是美國索拉茲之流替他擺弄的，結果艾奎諾給弄死了，索拉茲屁都不敢放。這就是說，天下烏鴉一般黑，民主國家的所謂民意代表，真正能為國為民，能反映民意的，固然是有，以民意作幌子，搞自己勢力，打自已知名度，犧牲別人，達成自己目的的可有的是。

你想咱們是「警察國家」嗎？如果是，林義雄家的血案不會發生的，陳文成不會死的，施明德不會被逃匿那麼久才抓到的，因為如果是「警察國家」，這些早就有問題的人物，會不時刻派人跟蹤嗎？才怪！但如果說，我們不是「警察國家」，而電視上、廣播裡、報紙上，卻經常的在報導、吹噓著我們的警察單位，又是訓練這個、訓練那個，裝備這樣，裝備那樣；一下子鎮暴演習上鏡頭，一下子奪刀、奪槍、空手道的，就怕人家不知道。軍事裝備、訓練應該有秘密性，怕的是讓敵人知道了；警察為什麼不該保守一些秘密？要讓歹人瞭解得太清楚呢？老實說，社會治安不是吹得好的。結果呢？一出毛病，又是槍械落伍、防彈衣缺乏，救火車爬得不夠高，待遇不夠好，問題全抖出來了。可憐呀！有這樣的「警察國家」！連毛毛賊都對付不了，還揹了黑鍋。

小老兒有一個建議，警察除了好人好事，儘量少曝光，少亮相；尤其刑警人員，一上了電視，可能會害死他，因為大家都認識他了，他還能擔任秘密任務嗎？至於說每一破案就發獎金，一發獎金就上報、上電視，小老兒以為大可不必，因為這是內部的鼓勵。老實說，當警察破刑案，是應有職責，破案的給獎金，破不了案的又將如何？當然，這是見仁見智的看法，警政單位無妨做個參考，有許多事情，有其利就有其弊，既有重賞，就應該有重罰，光見其賞，未見其罰，出問題的時候會引起民眾更大的反感的。

民主國家當公務員，本來就不容易，便民和圖利他人只是觀念上的問題，也就像打籃球的帶球撞人和阻擋犯規就在裁判的一念之間。看過香港拍的電影「公僕」嗎？警察生涯就是那樣子，的確值得尊敬，看看英國不是民主古國嗎？警察照樣揍人，美國還不是如此？今天，我們的警察敢嗎？

今天我們的警權不張、警威不振，一部份是少數警察搞壞了；一部份要由那些不分是非黑白的民意代表來負責，因為「公權力」就是給這些人的「關說」破壞了！

我們除了向為民服務的警察致敬外，希望「掃黑」要徹底，希望警察掃自己的黑，更希望選民掃民意代表的黑。不然，我們真為將來的日子擔憂！

說我們是「警察國家」的，看看世界上有這樣子的「警察國家」嗎？

（民國七十三年十二月「文壇」月刊）

九、該改變「金被罩雞籠」作風了

「金被罩雞籠」這是福州的一句俗語。意思是說，外表好看，裡面是空的、臭的。不齒那些，不務實際，祇圖表面的那種人。

一個好友，本來一家人住在一個眷村的舊木屋裡，家裡人不少，屋子很小，但是全家融洽，氣氛非常調和，每一個人都親切和靄，確是一個難得的家庭。我對這個家比對我自己的家要喜愛得多，所以沒事就往那裡跑，他們一家人，從老到小，也都對我視同家人，我在那裡，總覺得比在自己家裡有親和感。可是，自從他們家另外配了一幢像樣、寬敞的眷舍之後，屋子自然豪華了，因為新屋子，家具當然也換了，一下子有了富豪家庭的氣魄；再就是人的素質變了，過去小的，現在長大了，過去不賺錢的，現在能賺錢了，過去覺得自己是平民式的家庭，現在覺得是層次提高了，於是思想上跟著變了，這個家的氣氛也蛻變了，現在這個家不但不像過去那麼調和融洽，而且每個人都各懷心事，我很失望，也很心痛。當然痛心歸痛心，我總不能希望人家老和過去一樣。

上面所說的這個例子，老實說，只是一個大圈圈裡的一個小圈圈，大社會裡的一個小泡沫。但是，由小看大，看我們今天這個國家（其實只是一個大國裡的一個小區域——台灣地區），過去，多少年來，我們全體同胞，都以反攻復國心情和雪恥的志氣，含辛茹苦，胼手胝足，為復國建國而埋頭苦幹，流血流汗在所不計。國民的衣飾純樸，僅求蔽體保暖；食、住則僅求能果腹、能蔽風雨，於願已足。經過多少年來的努力奮鬥，經濟由穩定而進步，由進步而繁榮，由繁榮而富足，當然這是無可否認的，這是全體國民辛勤耕耘的應穫代價。殊不知最近數年來，當政者，時時以此成果為政績，為標榜，在大眾傳播工具上儘力的吹噓，甚至誇大的宣傳。今天說我們外匯存底有多少，明天說我們國民平均所得有多少，要不就是亞洲的四小龍之一，是美國第×大貿易伙伴，其實像這種宣傳方式，小老兒以為對外是可以的，因為可以提高國家的國際地位；而對內則期期以為不必，為什麼呢？因為這會給某些層次的國民一種幻覺。因為，國民平均所得，每個國民，並不是真的都每年有三千幾百美金的收入，這數字是平均數，有一千人或是一萬人的幾份之幾是在王永慶，或是陳茂榜那裡，這些人所佔的，不過是王永慶或是陳茂榜年所得的零頭數的那麼零點零幾。因為過度的吹噓，使這麼多人也自以為，非跟著人家享受力所不及的生活水準不可。為了要和別人比生活水準，於是不得不「想辦法」，不然，一家之主可能會受不了家庭成員的嘀咕，怨懟，就為了要付這些力所不及的生活水準，可能鋌而走險。老實說，現在有不少犯罪行為，一是被政府引導出來的；一是被大眾傳播工具啟發出來的。

說政府引導出來的，似乎有點罪過，其實你只要仔細的推敲一番，就知道有很多問題，的確是難辭其咎的。舉個例來說罷，今天社會風氣之所以如此敗壞，犯罪的層次、技法越見升高。文化、文藝層次之不能提升，是最大因素之一，雖然每年都有文藝季、金鐘獎、金鼎獎……，以及各種文藝獎金的頒發，但這些都只能算是採摘其果，並未做播種工作，尤其許多單位總著意於把大把鈔票，自己辦刊物，自己吹噓效果如何如何，須知國民黨最大的失敗，失敗在不能務實，失敗在報銷主義，難道沒有想到官辦讀物，在讀者心目中總是受排斥的，即使能發生效用，亦微乎其微，至少在讀者心目中，總有賣瓜的當然說瓜甜。而今天有成效的民間藝術機構，如新象機構虧損數千萬，竟致告貸無門，憑臨週轉困窘之書刊出版業，為數亦不在少數，為何不能視其存在價值一伸救援之手？使其共為此一缺乏靈魂的社會和浮泛的人心出一點力？相信比政府自己做，能切實而有效得多。今天我們卻不此之圖，只知一味的吹噓經濟成長，而且為了有利於外銷，毫無限制的開放進口所有奢侈品，這能說不是政府在誘導奢靡浪費嗎？

由於物質的誘惑，導引了不少犯罪動機，雖然治安單位經常為了展示實力，把防暴訓練、射擊訓練之類的訓練情況，一而再的在大眾傳播工具上亮相，目的雖然是在於赫阻，在於表示軍警有這種訓練，可以應付歹徒，又是空手道，又是空手奪槍……，可是道高一尺、魔高一丈，傳播工具上一曝光，使歹人就會想出防制的辦法，最後，卻成了反教育，因而每次大案子，好像吃虧挨揍的多是警察，於是乎宣傳的和實際上的都正好得了相反的效果；再就是，有關單位為了爭取同情，或是為了爭取預算，經常的把人力、武器裝備的底牌全翻出來，既然露了底，那有不吃虧的。這是就防制犯罪方面來說。說實在的，現在似乎已經到了，「民不畏死不能以死懼之」的時候了。因為我們今天在宣傳上有不少漏洞，不知主管政策的當道，注意到了沒有．在同一份報紙的同一個版面上，或是電視、廣播的上下條新聞中，我們可以發現，一條或幾條新聞說我們經濟如何如何復甦，如何比過去情況更好之類讓人與奮的新聞，而接著，就可能是××公司週轉不靈，或是某幾個公營企業單位，虧損多少，要裁員多少，要不就是某某機構發生集體貪污之類，相信這是讀者所常見的，如此，比較之下將如何使人能誠心的接受？

其次，我認為傳播工具普遍發達的今天，尤其報紙、電視這些大眾傳播工具，深入每一家庭，好的節目，有其教育作用，而有問題的節目或新聞，都可能導致反效果，可是今天有許多暴力行為，電視以畫面說明，報紙則用細膩的文筆描述來龍去脈，做案手法，無異於犯罪指南；更有甚者，還指出，其所以能破案的因素，是由於某些作為有了什麼破綻，或是某一類案件，在法律上有那一些漏洞，那一些是法律邊沿，其結果，新聞報導卻成了，犯罪教科書了，因為國民教育程度的提升，再加上物質和社會環境的誘惑，這樣的社會，怎麼能安和樂利？何況今天由於交通、科技的發達，世界本來就縮小了許多，大眾傳播工具，再經常把外國的犯罪手法，具體的加以介紹，雖說是新聞報導，其對有心人未始不是有其啟示的。

我們看看最近這三數年來，國家經濟雖有某些程度的進步，可是犯罪手法的升高卻是更可怕的了。

社會繁榮富足是我們所希冀的，但是，如果因經濟繁榮而每日提心吊膽，我們似乎寧願清茶淡飯，過得寧靜安祥要更好些，所謂「平安是福」，應該就是這道理！

我們現在無疑的是那所謂的「金被罩雞籠」，表面繁榮，而社會秩序和人心同樣的是空虛的，腐爛的。

一千八九百萬人的一個小島，會弄到今天這樣的稀巴爛，還能談三民主義統一中國嗎？那是有十幾億人口的！

十、關於電影問題

從去年暑假開始，中國片就一直在走下坡，（好像暑假之前就並不好。）於是製片家們寄希望於國慶檔，國慶檔沒有起色，又把希望寄於新年檔、春節檔，結果都很糟。據說今年的暑假檔，到現在為止，也只有一兩部片子，「出乎意外」的賺了，多數的還是血本無歸。去年還有的片子，花三四千萬資本拍的，結果在台北市只賣了百來萬，連付廣告費都不夠的。

由於電影賣座不能起色，因之業者，就有了許多抱怨，其最主要的，似乎是集中於檢查尺度過嚴，題材限制太多，以及付稅太重等等。接近電影界的人好像都能瞭解，我們電影界有一種習慣（？）如果一部片子不賣錢，可以想出一百個所以不賣錢的理由，比如：檔期不好啦，正好頭兩天下雨啦，正好……唯一不想的，就是自己的片子本身的確不能賣座的原因；如果賣座了，就也有一百個理由說是因為劇本好、導演好、演員好……反正都是片子本身好，其他的因素，都不去研究了。

說實在的，自從宋楚瑜當了新聞局長之後，別的方面有沒有成就，我們且不去說他，我總以為他對電影界太另眼相看了。他除了不讓女演員脫光底褲之外，我們的電影，床戲加多了，而且動作也細膩多了；親嘴的鏡頭也多了，袒胸露乳的也有了，殺人的數量也多了；擄人勒贖的，黑社會鬥狠的，賭場玩命的缺少過哪一樣？甚至連毛照、五星旗，都可以出現，還有喊「毛××萬歲」的。這還算得什麼嚴格？當然有不少人對他提升金馬獎的作法，有話說，至少對電影界來說，是一件好事。因為電影界嘀咕說大學生不看中國片，認為是遺憾的事，認為所以會影響票房，新聞局又辦了所謂校園金馬獎，希望大學同學能捧場。我們想，在新聞局職責範圍內，所主管業務不少，能夠獲得如此青睞的，恐怕除了電影，沒有其他行業了。筆者就曾經聽到出版業者和辦雜誌刊物的，發過牢騷，吃過醋。對了，還有最重要的一件事，就是把電影院業務，由特種營業變更為文化服務業，這點可把電影業的層次提升太多太多了！我想這絕對不是宋局長看在電影業有那麼多妞兒的份上，而是他看準了，電影的社教功能，可是我們的電影業者，想到這些沒有？賣不出票的時候，猛抱怨，要不就猛開說了不做的會，那有什麼用？

電影的不景氣，不自今日始，也不只我們中華民國有此現象，看看當年不可一世的美國八大公司，今天的情況就可瞭解。我們電影市場有限確是事實，但是，我們電影業者，好像不但不能適時應變，反而自己把自己卡死了。說實在的，應該檢討的是我們的做法，刀劍片賣錢的時候，我們一窩風的拍刀劍片，拍到刀劍片爛了，垮了；再看看有人拍一部賺錢的，馬上又跟上去，於是乎拳腳片爛了，愛情文藝片爛了、賭片爛了、戰爭片爛了、耍寶片爛了……反正不把一個題材拍爛，絕不出第二招；對演員也是如此，由凌波、甄珍、林青霞、秦祥林、秦漢、許不了、方正等等、等等，反正一股腦兒的，非把那個最走紅的演員，拍到趴下去為止，不然也絕不作第二人想，你想明知道就這麼大的市場，就這麼多的觀眾人口，能消化得了，這麼多同樣題材的影片嗎？當然把他們撐死也不可能的。據說去年拍的，單是賭片就五六十部，如此不考慮市場消費量，不研究觀眾心理的作法，當然只有聽天由命了，老板也好、導演也好，反正都是自以為是，在觀眾水準日益持高的今天，可能上一次當，也可能上二次當，絕不會上第三次的。戰爭片不就是這樣搞垮的嗎？一部二等兵撈一票還不夠，再撈第二票，第三票，一魚三吃，不但害了自己，也害了別人，國防部拿納稅人的錢買的武器械彈支援電影事業，結果不但沒替國軍作好宣傳工作，卻多是出盡了軍中的洋相，抖盡了軍人的糗事，你說這叫觀眾還看得下去嗎？

如果說題材有問題，我以為也不見得，凡事只要不投機不取巧，觀眾該看的總是要看，如果說文藝片沒落了，為什麼瓊瑤的片子，到現在還能賣座；如果說武打片沒搞頭了，楚原導的片子，成龍演的片子，不是仍然能賣座嗎？如果說耍寶的片子，下坡了，而許氏兄弟的片子，不是大家爭著看嗎？我以觀眾的立場說話，觀眾對誰都不會有成見，只要有可看性。各位製片諸君，請看看目前所謂的社會寫實片，那些女演員的打扮，那些男演員的作為，也虧新聞局能檢查通過，請問那是我們這社會的真正現象的寫實嗎？相信也只有工廠小妹、理髮小姐、中小學生可能看看，大學生肯看嗎？說老實話，還好大學生不看，如果看了、學了，我們這社會就亡了！

製片老板、導演都責怪新聞局檢查尺度太緊，老實說，所謂緊，大概就是不讓脫褲子，不讓更大膽的演床戲，說實在的，新聞局就是放寬尺度，讓大家脫，相信以現在一窩風的作風，最多三個月，還不是也同歸於盡，何況現在脫片不但是明日黃花，而是連花乾都沒了，看看今天的香港、日本還走這條路嗎？當然，也許這只是以一個觀眾的看法。

時代是在進步的，觀眾是在進步的，以一個電影觀眾的立場，總希望我們的電影工作者，參考別人的，研究自己的，不要老想當「跟班」，跟在人家背後，總是落後人家一步。尤其三個公營片廠，更應該各有特色。觀眾喜歡那類片子，最好問觀眾，儘量少問專家、學者，因為包括金馬獎評審委員在內，平時都不大看中國片的，你相信嗎？阿門！

（民國七十年十一月「文壇」月刊）

十一、別讓我們做「賽豬」

誰都相信，今後我們統一中國，不可能像對日抗戰勝利那樣，中共像日本人一樣說投降就投降，幾百萬軍隊，一下子放下武器，等我們去接收、去收編。就因為那個勝利的餡餅是天上掉下來的——雖然我們也艱苦的抗戰了八年，根本就沒想到日本人會突然投降。所以我們給勝利沖昏了頭，亂了手腳，接收淪陷區的工作攪得一塌糊塗，才導致了以後剿共戰爭的一敗塗地。如果說將來要反攻大陸（？），這一戰決不是打十天半個月，就可以長驅直入，直搗黃龍的；更不是喊幾句口號，敵人就會聞風喪膽、丟盔卸甲的，可是，今天我們環視週遭，我們有那一點像是在生聚教訓，哪一點像在所謂磨礪以須？這不是說洩氣話，從我們現在的做法看，如果真有那麼一天，有幾個願意放下今天這樣富裕到已經近於荒唐的生活，而為他日子孫的幸福而一戰？

說句不中聽的話，我們今天因為台灣海峽得能躲過赤禍而安定繁榮；安知他日不因此海峽，而斷送了我們復國的前程？

我們看到「黨外刊物」瘋狂式的言論的時候，恨不得把那些傢伙五馬分屍。可是，有時覺得，假如今天沒有這些人在那裡發狂，在那裡猛踱我們屁股，而有一些「憂患意識」感的話，真不知這所謂全民希望所寄的「燈塔」，會是個什麼情況！

這幾年，我們所過的生活，在某些方面說，的確是史無前例的富裕，在政治方面說，雖然有的比較保守些，可是，如果說民主得還不夠，那的確是別有居心的說法。你想，目前全世界一百多個國家中，有那一個國家像我們這種處境？

人心本來就不容易滿足的，做皇帝的都還想成仙，何況是凡人？所謂吃飽了撐著。沒飯吃的時候，祇要能充饑就夠了，到有飯吃了，就想吃好的。我們現在不但要吃好的，可還要不會發胖的，你說，這該多難？

一個從擁有一千一百多萬平方公里土地的大國，一下子，只剩下了千分之三的面積，真像一個千萬富豪，一夜之間一把火把所有家當給燒個精光。還好天無絕人之路，還留了一個門房，總算有個棲身之所，好不容易經過刻苦耐勞，配合天時地利，終於有了起色，雖說是要重整舊日聲勢，由是猛獻寶似的，表示今天已和昨天不同，更比前天進步，充份顯示破落戶興家之後心態。不信？你看，我們那一天大眾傳播媒體，不是拿經濟成就做頭條，至少也沒有一天少了他。一方面想安定民心，一方面是表現政績，在這種情況之下，社會日趨繁榮固然是好事，而日趨奢靡也就難免了。當然囉，有錢嗎，怎麼不花？沒錢的，因為受別人的影響，也想花，那就搶吧、偷吧。整個社會，給過份強調富足康樂，給攪得烏煙瘴氣了。說這種話看似辱沒了某些人努力的功勞，其實說的是實話。想想，今天一般薪水階級的軍公教人員，一個月萬把兩萬元，一家四口，本來可以豐衣足食了，結果因為看人家都有私家車了，為方便，為了響應經濟起飛成果，也來一部分期付款的，每月扣他六千；人家都有錄影機了，我們總不能沒有，分期付款吧，一個月只要千多元，買吧；家裡沙發過時了，換一套，也可以分期付款的，一個月七、八佰元，並不多，這樣一來，薪水就不夠吃飯啦，不「另想辦法」，又怎麼能過日子，又怎麼不上下交侵利？這不是危言聳聽，這的確是一個非常嚴重的問題，今天我們拚命顯耀我們貿易成果，而環伺在我們前後左右的強勁敵手有多少，相信主其事者心裡有數，能不讓人家醋味，而處心積慮地，搶我們的市場，砸我們的攤子？更何況言多必失，事情沒成熟，就先吹，總會漏氣的。現在不但，經濟如此，體育豈不如是，人還沒有選好，就先把訓練計劃曝光了，一九八八如果沒能有個交代又將如何？且看我們發展棒球運動，從少棒就培養起，年年吹呀吹的，最後到了奧運會真正該表現的時候了，傳播媒體卻先洩了氣：「坐四望三，可能得第二！」可見我們連想「第一」都不敢想，怎麼會這麼窩囊！我們的運動員，在左營，到外國外訓，只聽到不服指揮、不守團體紀律的報導，到真要露一手的時候，不是飲食有問題，就是腿傷了、感冒了，這次還好「意外」的（據說是所有體育界都有些「意外」），拿到一面銅牌，不然還不是抹黑回來，棒球拿銅牌，人家不算帳的，何況韓國是候補的，還拿了銀牌。

抱歉！抱歉！十二萬分的抱歉！說這些話，決不是不承認這幾年政府在經濟上有所貢獻，而是在做法上要講究，不要光表現經濟政策的成就，要注意它所可能產生的副作用。

台灣鄉下神誕有賽豬公，這些豬公的生活，也跟著經濟起飛而有了變化，豬公不但要吃白米飯、吃水果、喝牛乳，還掛蚊帳，（用除蚊藥，怕傷了豬公呼吸器官）、搧電風扇、幫助牠翻身……可是最後呢？還用說嗎？

我想我們今天所需要的，除了豐裕的生活之外，還需要有良好的環境、社會條件、和前途！

可別讓我們像「賽豬」！阿門！

（民國七十三年十月「文壇」月刊）

十二、人生的際遇

「生不逢時」。
「人生不如意事十常八九」。
「英雄造時勢，時勢造英雄」。
「居安思危，逸樂不忘憂患」。
…………

這些格言警語，都是人們累積許多經驗教訓而獲得的。

人，當然有的是一出生就是豪富權貴的；有的人是要幾經奮鬥，胼手胝足才能得到他應得的成果，也有人卻終其一生忙煩勞碌而難得溫飽。所謂人生際遇無常，而勝利成功者，並不見得都是上駟之材；反之失敗潦倒者，亦未嘗全是庸材。「時也命也」，才華與時勢要能適逢其會，要能各種條件都適當的配合，任何人都可以出類拔萃，個人的才華，似乎不是最重要的那個環節。有的人有所謂「糊塗人有糊塗福」，有的人本身不怎麼行，卻能獲得能幹的助手，於是乎事業成功，事業鼎盛；或是頻頻升遷，而高官厚祿。當然，對於這種現象，有人羨慕、有人鄙視、也有的人抱怨，其實人生的際遇，看開了也就沒什麼可羨慕或氣惱的。

看「三國演義」的人，都說「三國」所有人物裡，最不中用的要算劉皇叔劉備了，除了哭外，好像毫無作為(當然這是浮面的看法)，可是他能當皇帝，而最足智多謀的諸葛亮，卻只能當他的參謀(僚屬)，而且是死心塌地的、鞠躬盡瘁地為他效命，這該怎麼說呢？還有以武功論，關羽、張飛、趙子龍這些人那個不比劉皇叔強，卻也都聽命於他，而忠貞不二，這該怎麼說呢？

現在大家都很注意學歷，其實有很多成功者，都是靠白手起家的，有學歷固然好，而單單有學歷，也不見得那張文憑就是成功的保證，就像軍事學校學生，一個班次畢業下來，數目總以千百計，到最後能夠升到將級的，就不過十個八個而已，其能升為總司令或參謀總長的，最多不過有那麼一兩個，甚而至根本沒有。而那些升將領的，也不見得一定是學業成績最好的，主要是各人的際遇不同，其所得的結果也不同。

時代在變，有很多情況和過去大有不同，很多人、事、物都跟著政治在變動，尤其人的價值，更是以政治為著眼。因此有不少曾經飛黃騰達過的人物，到了「門前冷落車馬稀」的時候，常常會想當年如何如何，其實想當年又有什麼用呢，徒增傷感而已。

在我們沒來台灣之前，可能由於大陸是自己生根的地方，出外謀生的人——不管是做官的，還是從商的，只要到了相當的年紀，總希望能回歸故里，安安靜靜的過其後半生，不像現在，一方面要青年才俊；一方面真正年紀大了又不肯走，當然，最主要的是沒有生根落腳的穩當心理，所以公職人員到了快退休的年齡，雖然有退休制度，而終究覺得自己被摒棄，因而產生了自卑感，落寞的心態，這一方面由於現在的人，不容易「老」，六十幾歲退休，還是精力充沛，自己覺得還大有可為，一方面因為在職的人，對退休的人不夠尊重，總把退休的人，當是「垮」了；一方面是自己覺得被甩掉了，覺得頂委屈，這完全是心理在作祟。

記得四十多年前，奉派訪問琉球美軍基地，我們到達時，當地的心戰指揮官，上校階級，一見我們，就說你們現在來真好，如果晚三個月來，我就退役了，他一再提他即將退休，覺得他為國家已經盡了責任。另外一個中校，他告訴我們，他一年以後就可以退役了，他們似乎都以退休為樂事，不像我們很多公職人員，一提到退休，就好像一切都完了，這是觀念問題，因為觀念不同，對於人生的際遇的看法，也可能會有差別。

其實，人的才智都相差無幾，但，有的人因為所遭遇不同，而就改變了他的結局，所謂：有「伯樂才有千里馬」，我以為這就是際遇問題，一個人的幸與不幸，問題就在於千里馬常有，伯樂不是常有，幸運的千里馬，正好遇著了伯樂；不幸的千里馬，正好碰上了趕馬車的，那就只好辛苦勞碌一輩子。以今天我們所謂的「民主」政治來說，固然民意代表也好、地方首長也好，都是由選民投票選舉的。可是由於地域色彩的濃厚，選民就算個個都是伯樂，他所能選的「馬」，卻是在限定的範圍內選擇，而且這些馬兒又都是經過少數人依一定的條件圈定了的，最後的結果是伯樂不是伯樂，千里馬亦非千里馬，於是在民主政治的環境下，人的際遇又不同了。

我們何其不幸，生於此尷尬的時代、尷尬的地域，許多人都有滿懷鴻鵠之志，難以得伸的感覺，有許多人，有被欺騙的感覺。當然，其最主要的，是由於我們今天所處的環境過於擠迫，能夠容納的空間就這麼大，就像一個大蜂窠，每一個蜂就只有那麼一個窟窿，多一個都不可能，誰是王蜂，誰是工蜂，早就決定了的，看起來，蜂窠外面有許多蜂在擠呀擠的活動著，那都是為了生活，該做工的就得做工，該坐享其成的，註定了是坐享其成的。

在這樣擠迫的環境裡，所面對的是生存問題。不錯，這幾年我們生活得很好，這個蜂窠正好建造在百花盛開的叢林裡，滿眼繁花似錦，可是這景象隨時會變的，而且還有許多外在的危險，要預防刮風，又怕下雨，有的人因此而獲得利益，卻也有人因此而埋葬了自己。

有一個事實是大家都不能否認的，在目前所處的環境裡，大家都認為「好」，但，幾乎是大部份人的心裡不能有踏實感，為什麼？最主要的恐怕是一切都沒有常規，說得好聽是「過渡現象」，其實所有的一切都在投機、取巧，誰的腦筋動得快，誰就佔便宜；誰按步就班，誰就吃虧，這樣的社會型態，表面上看是繁華、光彩，而實際上，是經不起考驗的，可是，處於這樣的社會裡的人，如果你腳踏實地的做，可能要比善於逢迎，善於鑽營的，要吃虧得多，有時不僅事倍功半，甚至於白耗血汗。

俗語說：「要怎麼收穫，就要怎麼栽」。現在已經不適用了，事實卻是如此，這時代，這社會所謂的人生際遇，和過去不同了，一種人是要能推銷自己；另一種人就是要昧著良心。君不見選舉人在宣傳自己，推銷自己之後，如果能夠得逞，最後連選民都要看他的顏色了，民主社會，說得好聽，究竟誰主了誰？昨天的癟三，今天當選了，他明天就是主宰。

「英雄造時勢，還是時勢造英雄？」在今天所謂的「民主」社會裡，誰也分不清了，至於說人生際遇，也是決定於一蹴之間！

（民國七十三年十二月「文壇」月刊）

十三、故鄉風物之憶

孔子曰：「君子懷德，小人懷土；君子懷刑，小人懷惠。」這裡所謂的君子應該是「知識份子」，「小人」應該是平民百姓。用白話文來說，就是：「君子的人，懷念道德；平民百姓懷念鄉土；君子的人懷念法度，平民百姓，關心恩惠。」像筆者這樣的人，應該是重鄉土的小人。

筆者祖籍安徽歙縣（徽州以產墨馳名），出生於福建福州，所以一直把福州當作故鄉。民國三十五年端節後半個多月，攜一妻一女來台，直到民國七十三年九月，第一次回鄉，老父已作古九年，而親族繁衍甚多，第二代的侄輩，結婚生子的不在少數；第三代的孫子輩，也多已成年，或婚嫁了。

因為三十年，生活的環境不同，社會結構迥異，難免要造成一些看法的不協調，更且，近半世紀前的事物，在記憶中已經頗為模糊了，現在重新回味，其準確性，也會是個疑問。

回福州，第一件覺得和過去不同的，是福州城內的白塔和烏塔（石塔），比記憶中要矮很多，總覺得很納悶，其實是周圍建築物高了，對比之下，塔當然要矮一大截，其次，是五十歲的侄兒們，居然不清楚過去中國男人有穿長袍的，聽起來很不解。其實也沒有什麼奇怪，解放之後，就沒人穿過那類服裝了，不查歷史，誰知道？是社會形態變了，考證歷史是專家的事情，諸如此類的情況多的是，應該多做溝通，不是抬槓。

我記得，我和我三哥以及侄輩們見面的第一件事，就是問我老宅旁邊，光復中學前河沿那十幾株大榕樹還在否，鼓樓的城牆還在不在？他們給的答案是：光復中學沒有了，榕樹給砍了，鼓樓的城門和城牆早拆了。

這太讓我失望了，要知道，這是我這海外遊子數十年來，除了親人故舊的狀況之外，朝夕希望能再見一面的。

我的老宅給福州第一印刷廠「統」在一起了，我早就聽說過。我那宅子，以前是清朝福建水師提督的私邸，屋子右邊路口有一條小河，沿河有十幾株四、五人合抱的大榕樹，繁茂的枝葉，覆蓋河面和路面，河裡雖然只有糞船和垃圾船來往，卻另有一番情趣。老宅的對面，是一道長牆，牆裡就是光復中學，有榕樹的河沿有條大路，正是中學的大門，有五十幾公尺長，那該是「榕城」真正的代表，我真想不通，向稱人文薈萃的福州，在全世界提倡綠化都會的時代，當時竟然容不下幾株大樹。

三天後，我到西郊的竹岐鄉掃墓，這是閩江邊上袖珍而秀麗的小鄉村，抗戰期間為了躲避日機轟炸，曾在這兒度過一段日子，很是懷念。可是，再見之下，風采已大不如往昔了，站在江邊眺望對岸，綿延數十里的山巒，似乎矮了不少，也缺少些什麼。之後，還是老表兄提醒我，說山上的樹，大煉鋼的時候全砍光了，山上沒樹，當然要矮一大截的，這使我想到了，老宅河邊大榕樹的命運，那是任何人都無能為力的。可是，要讓我們的子孫們看到那麼大的樹，現在就再努力栽培，也要二三百年之後了。

大概是在一九六〇年前後，看到北京報紙報導，說河北一個縣，利用長城的磚舖路，認為是「廢物利用」，當時我就說過，將來是要後悔的。果然，前些年起，花了不少人力、物力來修萬里長城，重新要燒磚。作為中國人的我們，應該牢記，不能再做這種會讓我們後悔的事了！

別看許多破磚斷瓦，也許就是歷史的一部分，誰又能想到，中藥裡的「龍骨」，竟是蘊藏著中國歷史文化之祖的「甲骨文」？

一、福州的泥人

在故鄉之憶中，除了老宅邊的大榕樹和鼓樓城門之外，洋頭口的「泥人」，也費了我不少心思。

十一、二歲的時候，我在河口嘴（洋頭口邊上的一條路），那地方算是南門外，郊區了，福州從城裡出南門，到南台島是一直線，有四、五公里一條大馬路，全是繁華區域，河口嘴，正是一半的地方。我在林克泗老師那兒念詩云子曰的時候，林老師那時大概七十歲左右，是個博學的中醫外科，福州名醫蕭治安和他的第二代，以及我二堂兄名醫朱坤牛，都是他學生，不過，他們都學醫，我卻是獨樹一幟，念古文。時間大概只有一年，因他的學塾是在泥人產地中心，於是我每日都出入於泥人之肆，可能因此對泥人產生了感情。

泥人，現代語應該叫「泥娃娃」，福州叫「土人仔」，那年代，河口嘴，整條街全是製賣泥人的舖子，河口嘴的附近全是大小魚塘，據說：本來都是農田，因為把田裡的泥土挖來製作泥人，所以成了池塘，平日都養鰱魚、鯉魚、草魚之類，每年春節之前是上市的旺季。

泥人，多數是歷史、神話、民間故事裡的人物，裡面是泥土的，外面是彩繪，色彩鮮艷，小的二、三寸，中的五、六寸，大的一尺左右，最大的是寶塔，由一、二尺，到三、四尺高。

四十多年前，我第一次到香港，就到處要找福州泥人，找不到，以後到新加坡、到印尼、到韓國、到日本，都到處找「鄉親」，總找不到，卻找到佛山的，天津的泥人。到了福州，應該一定找得到，結果還是大失所望，也才搞清楚，福州自抗戰以後，就沒生產這東西了，抗戰勝利後，我在福州待的時間很短，沒有注意這事情。現在可以說是斷子絕孫了，以後我查親戚、問朋友，找有沒人珍藏這些東西的，都是搖頭，我找有沒有人保存有印模的。據說，有一個人藏有不少印模，結果被紅衛兵軋了。

福州之有泥人，是由於福建出外的華僑不少，在僑居地常鬧「水土不服」，只要把家鄉造的泥娃娃敲下一塊，搗碎沖開水服下，可以泥到病除，所以當時除了彩色的泥人之外，有一種二、三寸高的素色小泥人，那就專門「藥用」的。

因為有泥人，慢慢的發展成擺飾品、玩具。每年中秋前後，福州中上家庭，很多都有所謂「擺塔」的活動，主要就是展示各種各式的泥人，在展示場地的上首中間，一定擺一個寶塔，場面越大的，寶塔越高大，一般大戶人家「擺塔」所擺的泥人，可多至千把個，幾百個，那要廳堂寬大，配合彩色燈光，一般都歡迎觀賞；小家庭擺上十幾二十個泥人，應應景的也有，是一種民俗活動。

二、福州的溫泉澡堂

我的一位老上司，是福州同鄉，現在台灣，每次到香港，我總問他，有沒有回家鄉看看?他老找藉口逃避，有一次他問我，福州的洗澡堂和過去一樣嗎?我告訴他，老式的已經沒有了，現在都洗盆湯，條件差一點，他回我一句：洗澡堂都沒有了，還回去幹嗎?他有一個嗜好，就是「水包皮」，沒得洗澡，還有什麼意思!?

的確，在外面奔走了多少年，凡是朋友們聚在一起閑談，到過福州的，沒有不提起洗澡，沒有不讚美洗澡堂，讚美溫泉的，作為福州人，聽起來頂順耳的。

回鄉，住的飯店當然有浴室，但那不算數，自己家裡就有，台灣、香港、日本、菲律賓的飯店全有這設備，而且絕不次於福州飯店的，主要是想重溫一下洗澡堂的舊夢，那種大眾化的，大家都坦坦白白的躺在藤的，竹的躺椅上，聞著濃烈的硫磺氣味，看著滿室瀰漫的湮氣、水蒸汽，欣賞隔座那位仁兄口沫橫飛的言談，傾聽對面那個同好甜睡的鼾聲，那情景才真正是忘我的、無私的、坦蕩的大同世界，所以，我想找一家洗澡堂。我侄子們告訴我，就是有也不夠條件，現在多數是洗盆湯，我說總不可能比四十多年前更不夠條件吧？他們終於替我找到一家「公共」浴室，是盆湯的，一個房間裡有兩個浴盆，中間有分隔的，也有躺椅。可是，我在入浴之前，花了二十多分鐘，替那個盆子洗了個澡，不然真不敢坐進去。

福州有天然溫泉，這是至今沒變的，溫泉澡堂都集中在東門一帶，過去有一家最有名氣的，叫「百合」，有大花園餐廳，是紅磚大洋房，分個人池、特別池、普通池、房間部、男女同房部等等，以後別的洗澡堂，跟著設個人池、特別池。現在百合還在，花園都蓋了房子，光有浴室，裡面和普通澡堂一樣了。

從前，一般洗澡堂的普通池，多數是三至五個大池並列，溫度各異，池子是大石板舖的，池子四周，或三邊擺竹的或籐的躺椅，一列一列的，小的浴室擺一兩百張，大的浴室有二、三百張的；所謂特別池，也是大口池子，三、四口相連，溫度各別，但是池子是彩色磁磚的，椅子有大毛巾舖著，房子精緻些，價錢貴兩三元。

普通池的客人，怎麼洗、洗多久，沒有時間限制。有的澡堂特別設有皮膚病的池子，一般都沒有特設，因為大家都認為溫泉可以殺菌，也不大有戒慎之心。

不管那一個等級，每個浴客都會泡一壺茶，隨時加開水，價錢很便宜，從前還賣小吃、點心的，因此有人可以在洗澡堂流連一整天的。早年，年三十晚上，還有人在裡面躲債的，到年初一早上接神炮響才離開，公共場所不可以要債，是老規矩，所以生意特別興旺，洗澡堂年初一、二，一定照常營業的。

三、「粿店」引起的聯想

每次到國外開會或是觀光、旅遊，同行的伙伴中，總有幾個吵著吃不慣外國餐飲的。南方人總想要吃飯，北方人要麵條、餃子，還好炎黃子孫遍天下，而且，到那兒僑居創業，都以開餐館為第一優先。有一年到印尼雅加達開會，一行人趁便到南部的峇厘島觀光，這島在東南亞雖是觀光勝地，卻是一個極小的島嶼，除了幾家大飯店極具現代化之外，其餘的一切，都絕對原始，它也就靠這原始，吸引遊客的。

幾個北方朋友，吃過晚飯之後，還嚷著吃不飽，非要出去找麵食不可，結果，竟給找到一家山東麵館，這伙朋友終於吃飽了餃子、饅頭，興高采烈的回來了。

說上面這段往事，主要是說明一個人對鄉土的感情，飲食習慣，佔的份量也極重，飲食不但是延續生命的必要，也是文化的一圈。

走了不少地方，就是這全國飲食薈萃的台灣在內，唯一找不到的一種食肆，那就是福州的「粿店」，也是台灣多少福州人想念，而又沒法搞得出來的飲食店。

有時幾個同鄉，一談起粿店，可真是殘涎欲滴，已經故逝的名小說家田原，他是山東人，曾經在福州待過一段時間，一談起福州洗澡堂、粿店、漲大水（水災），就興趣特濃，說粿店是「妙不可言」。

的確，我對粿店也是懷念不已，在記憶裡——當然，那三、五十年前的，福州的大粿店，有好多家，城裡城外繁華的地區都會有，只要在那門口一站，看看多彩多姿的粿品的「場面」就夠了，少說也有四五十種，全是米製的，真是看了都舒服，蒸的、煎的、煮的、炸的；紅的、綠的、白的、黑的、乾的、湯的、鹹的、甜的……色香味俱全，可把「米」的吃食方法，發揮到了極致。

一個人，或三五個人進粿店，一坐定，跑堂現在叫服務員。立刻端上一兩盤或是四五盤，各式粿品拼盤，你還可以另外叫你想吃，而盤裡沒有的，吃完了才結帳。

一九八六年回鄉，才知道粿店已經沒有了，有的也只有單獨賣一二種粿品，或是魚丸湯、鍋邊銼之類的，不是顏色不對，就是味道不對。不過，只要有，就一定會改進，因為有很多東西，現在的年輕人，不但沒吃過，有的連看都沒看到過，只是聽老輩的說說而已。

有一次回鄉，福州新聞界朋友請吃早餐，情況就不同了，那家食店，叫華香樓，做的粿品種類不多，只有四、五種，樣子不錯，品質也可以，但沒有從前粿店那種氣氛，排場。時代變了，一切都會變，不能老斤斤於老樣子了。

北京、上海在賣台灣牛肉麵，須知台灣牛肉麵是四川牛肉麵減低麻辣、油膩而風行的，適合南方人的口味，到上海還可以，到北京不是喧賓奪主嗎？可是生意也頂好的，因為有的人，也想變變口感。現在北京的南方人也多的是。

說到「粿店」，利佣可能並不很高，要很像樣的開一家，並不容易，單是那些擺賣的粿品，麵點，就不是三、五個師傅能調製得來的，況且，吃食的東西，好和壞沒有絕對的標準，所謂標準，做的人憑經驗，吃的人靠眼、口、鼻，生活水平越高，吃的人對色香味的要求也越嚴格，人們一般都先要求量，再進而要求質，再進而要求食的場所的舒適、衛生、美感，這樣就不容易支持了。

附錄

附錄

附錄：「中華文藝」月刊專輯

對於一位大半生都貢獻於文學與藝術的人，我們應賦予極大的致意，而朱嘯秋先生是夠資格接受這敬意的了，他數十年浸淫於木刻，鍥而不捨，有其專注的情操。同時他也從事過影視製作，諸如「大摩天嶺」、「女兵日記」等影片和「寒流」影集等，都曾膾炙人口。然而最難能可貴的是他有種傻子的精神執著於雜誌之出版，先後將精力投擲在「憲兵雜誌」、「青年俱樂部」、「詩．散文．木刻」、「世界畫刊」上，目前仍在獨立經營「文壇」月刊，「電影沙龍」月刊。因此，我們聚集他的資料，並請認識他的朋友們就彼等之了解而撰文，作一呈現，以表敬意。

中華民國六十六年七月　中華文藝

朱嘯秋是「過河卒子」

莊原

在文學和藝術圈內，提到朱嘯秋的大名，那是無人不知、無人不曉！

他編過「文壇」、「青年俱樂部」、「詩、散文、文刻」，「世界畫刊」都備受佳評，名小說家朱西寧對他推崇備至，曾說：「民國五十年前後的十多年間，幾乎形成一『朱嘯秋時代』，特別是文學藝術性質的雜誌，普遍的起而倣效，風貌一新，即今日仍還處處可見朱嘯秋式的風格」。

他用過四十個以上的筆名發表文章，在漫畫、剪紙、彫刻、攝影、封面設計、搞軍中康樂、攝製電影，都有卓然的成就。

他是安徽歙縣人，但出生是在福建。他的體型高大，性格豪放，望之嚴然似是山東人。名小說家司馬中原說他：「嘯秋是誠篤木訥的君子，有著深沉廣闊的藝術心胸」，也許，我們可以這樣說他：有中國傳統讀書人的本色，也有江湖俠客的古道熱腸。

因為有傳統讀書人的本色，所以三十多年的軍旅生涯，他沒有熱衷於權力，週旋於權貴之門，讓他自己「青雲直上」。他在軍中是名副其實的「行伍」，沒有受過軍校或幹校的任何訓練，但卻官拜到上校，主管過軍中康樂電視播映攝製和對大陸心戰，並擔任中國電影製片廠的廠長，但他「有所為也有所不為」，當他覺得應該的時候，就瀟瀟灑灑的退下來了！當時，總政戰部主任王上將為了挽留他，和他談了近三個小時的話，可見對他的器重和他在軍中所作的貢獻。

他——「我的朋友朱嘯秋」，現任文壇社的發行人。

那天，是星期五的下午，我喝著他「特製」的咖啡，作著輕鬆而又嚴肅的交談，下面就是我們談話的紀錄：

問：我覺得你對「文壇」有很深厚的感情，是不是？

朱：可以這樣說，因為過去我協助穆中南先生編過「文壇」一個時期。人總是懷舊的。當穆先生希望我接下來繼續維持出版，「義不容辭」的，我就承擔起來了。

問：聽說，當年你編「文壇」的時候，「文壇」是唯一代表文藝界的刊物？

朱：這是朋友們的謬許，不過，那個時候許多朋友喜歡給「文壇」寫稿，如陳紀瀅、王藍、公孫嬿、田原、楊念慈……這些有名的作家都在「文壇」發表文章，所以提高了「文壇」的地位。

問：作家和編輯，我覺得有種很微妙的關係，有些刊物的編輯人，多方設法的去拉作家的稿都沒有成功，你認為如何？

朱：這分做兩方面講；一是你這份刊物要建立一種風格，讓作家們覺得能在這份刊物上發表文章，是莫大的一種榮譽：再就是編輯人要與作家建立感情，是「友誼」的，不是「利用」的。

問：「文壇」在你接辦以後，已經有了一副新的面目，你能談談它未來的發展？

朱：這是個很大的題目。我們拿三十年代和七十年代的刊物作個比較，就明白今天辦一份成功的刊物相當困難，正應了「辦一份成功的刊物要智識分子與市儈主義結合」的話。

問：是的。

朱：事實上，在今天這個工商社會，「商業化」的色彩在任何事物上都充份顯示出來，三十年代或四十年代，讀者們欣賞一本刊物，是著重它的內容，今天，則更著重於「形式」，以形式來爭取讀者的第一印象，以形式來吸引廣告。這種偏重於形式的結果，內容就無可避免的顯得貧乏了。

問：我了解：「文壇」是份著重於內容的刊物，如近幾期的連載小說，田原的「女子公寓」，蕭白的「春雨」，都獲得讀者的好評。

朱：「文壇」現在的努力，就是從內容上去爭取讀者，我們希望每一期的「文壇」，讓讀者們看到的文章，是健康的、有益的、有趣味的，達到「文藝涵養心靈」的境界。

問：我們換個題目，談談電影好不好？

朱：（笑）你看我搞過電影是不是？

問：你對電影這個行業覺得如何？

朱：電影是綜合藝術。需要第一流的人才去搞電影，但是，也要第一流有耐性的人去搞電影。

問：何以要有耐性？

朱：好，我以「寒流」為例，拍這部片子，你要對編劇家講好話，要對演員講好話，要對導演、服裝、化粧師講好話，沒有耐性的人，就只能講「氣話」，氣話就把戲砸了！你不能講「氣話」，但偏偏許多事情是惹你生氣的，報紙上你也可以看到某一位演員拍戲或錄影遲到，他或她也許不是故意的，但在等待那段時間內，你就氣得要殺人！

問：你在拍「寒流」的時候，有沒有氣得要殺人呢？

朱：這倒沒有，但「寒流」一共拍攝了六十八集，「寒流」不是錄影的，是用拍電影方式拍的，所以花時間，從開始到完成將近四年，我是流了四年眼淚。

問：據我所知，「寒流」是一部刻劃中共真正面目的電影，它使人認識中共的狡詐殘酷，也堅定我們反共必勝的信心，它的貢獻是很大的。而且，它確是一部好的電影。拍反共影片有如此好的效果，在國片中是創下了空前紀錄。

朱：蔣總統經國先生那時是院長，他看了非常感動，大表贊許，中央也對此予以嘉獎。

問：那麼，你流了四年的眼淚也值得了。

朱：（大笑）

問：其實，你不該在電影界退了下來。

朱：人的意志很難說，那天我到殯儀館去哀悼一位藝術界的朋友，遇到姚夢谷先生，他說：「嘯秋，你多少歲了？」我回答問說：「五十四了」。他望了我半嚮，誠摯的說：「你還去搞電影？該搞你自己的事業了吧！」，姚先生的話給我一番很大的衝擊，我覺得姚先生的話是對的，當天晚上我就去見王上將請求讓我退役。

問：你的決定是對的。你在木刻、剪紙、封面設計各方面都具有難得的才華，一個人能夠兼有這多方面的成就，你能否告訴我你的歷程和志趣所在？

朱：你這麼說，我很慚愧！但我只能告訴你，正如我現在勸告許多年輕的朋友：在人生的大河中，你只能喝你用手捧起來的水，你不能把大河裏的水都喝光的。

問：你的意思是說，一個人要用全副精力專注一項工作，培養一項專長，卓然成「家」。

朱：是的。

問：可是，許多人說你是木刻家、漫畫家、剪紙藝術專家、……還有，在編務上，應該說什麼家呢？

朱：別捧我了，（指指天花板）這層樓的屋頂不高。

問：好，最近有什麼新的計劃沒有？

朱：構想是有，但還沒有具體、成熟。

問：可否先透露一點？

朱：我準備再辦一份刊物，我已經像胡適所說的「過河卒子」，已經過了河，不能不向前衝了。

問：這份刊物的旨趣和內容是什麼？

朱：讓我把構想列出綱要，到時候再請你來討論好不好？

問：你是保密還是為了什麼？

朱：對老朋友沒有保密的必要，主要的是一個計劃沒有成熟就說出來，會貽笑大方的，你放心，下個月會請你們來喝咖啡，好好的聊聊。

問：你說的「你們」，似乎還包括另外的一些人？

朱：是的，我希望這份新辦的刊物，要網羅所有的「武林高手」，像你這樣的「低手」也在內。

問：好吧，那就欲知後事如何，且聽下回分解了，再見。

朱：再見。

我所認識的朱嘯秋

田原：

談起我與朱老編，套句俗話說「小孩沒娘，提起來話長」。

談雜誌，我們共同編過「青年俱樂部」，正在銷路打開時，後台老闆因家中反對而停刊。老朱很傷感，自己來辦「詩‧散文‧木刻」，實在編的好，相當充實，不管是詩、散文、木刻、插圖，全部免稿酬而且第一流，主因他的人緣好，最後還是缺「孔方」支持不下去。

老朱在台編過「中國憲兵」曾對外發行，主編過「公論報」副刊。不管他編什麼，總有幾大特色：1. 人緣好，稿源豐富。2. 版面有創意，每種雜誌風格不同。3. 他對平版活版印刷全懂，能下工廠，技工對他不敢馬虎。4. 捨得，很多人編畫刊時，鼻子眼睛擠一起，生怕浪費篇幅，老朱從無小家氣，編排得恰到好處、不浪費又大方。如果把「我的朋友朱嘯秋」，也列為「什麼才俊」的話，編刊物確實是第一流的高手。

林海音：

「詩・散文・木刻」的創刊號，是十六年前的民國五十年七月十五號出版的。你看雜誌的名字，就可以知道創辦者的心意──朱嘯秋，他就是為詩、為散文、為木刻而編的這本刊物。這刊物正像她的名字一樣美、無論編排和印製。她不但在當時是突出的，就是拿到今天，放在任何書刊雜誌一起，也不遜色，也不會覺得她嫌陳舊了點兒；反而是你現在還找不出一本，可以看到多一點兒木刻的書刊。所以，問我懷念的雜誌有那些，「詩・散文・木刻」是我懷念中重要的一種。

張默：

嘯秋先生主編的「詩・散文・木刻」季刊，在十多年前的文壇上，曾經引起很大的騷動，特別是他把當時的詩人、散文家、小說家以及藝術家都匯集在這個刊物的四方城之內，讓他們拿出最好的作品出來，即使以今日的眼光觀之，「詩・散文・木刻」，仍然是第一流的。

林佛兒：

朱嘯秋先生主編的「詩・散文・木刻」及「青年俱樂部」兩種刊物，至今仍深深地留在中年以上的作家及無數酷愛文學與藝術讀者的心中。我對於朱嘯秋先生在十幾年前就有那種抱負魄力，至為感佩。

朱嘯秋先生不愧為台灣三十年來最有貢獻的「老編」之一，我想沒有人不同意的。

司馬中原：

嘯秋是個誠篤木訥的君子，有著深沉廣闊的藝術心胸，他所創辦的刊物有數種之多，而最能代表他生命風格的，首推「詩・散文・木刻」，這本刊物，為三十年來文學藝術刊物中的翹楚，它顯示了濃郁的民族風貌和中華文化的神容，可惜當時陳意太高，未能引起社會普遍的反響，如今應聞他將在電影製作方面功成身退，我們渴盼他能將「詩・散文・木刻」復刊。

羊令野：

嘯秋兄主編「詩、散文、木刻」，和「青年俱樂部」以及早年的「文壇」，都是極為出色的文學刊物，他在福建曾主編過副刊，稱之為「老編」最恰當。

我在「青」刊曾闢「不見經集」以「必也正」筆名寫雜文，也是他出的主意。

從主編刊物到主持製片，雖然轟轟烈烈，卻丟掉了那把犀利的木刻刀，實在太可惜。

張騰蛟：

每每看到大版本雜誌時，就會想到朱嘯秋，因為他在十幾年前所創辦的「詩‧散文‧木刻」和「青年俱樂部」，曾經為文學藝術性的雜誌創造了一個新的面目。

朱嘯秋個子高大性格豪放，對主編刊物和辦出版事業有一份狂熱，也有一份韌性，他能夠在極為艱困的環境中為一個大型刊物催生，並且使他成長與壯大；像當年的「詩‧散文‧木刻」等這些刊物就是。

朱西寧：

做一個編輯人，是和創作者同樣的皆須致力于追尋和經營內容和形式的兩全其美。但作為一位名編輯人，卻往往以內容和形式兩者中的之一來見稱于世。然而這樣也並非就是他的厚內容而薄形式，或重形式而輕內容。應當說，那是屬于編者個人才氣才能的偏重發展，以至于在某一方面特別的超群出眾而有創意，並且生發出影響力、甚乃形成一種群起摹倣效尤的流風。

名編輯人朱嘯秋，他的獨特風格乃形式上表現於刊物版面的美術設計和處理，給予人以極深刻的印象和記憶。在當時，民國五十年前後的十多年間，幾乎形成一「朱嘯秋時代」，特別是文學藝術性質的雜誌，普遍的起而仿效、風貌一新，即今日仍還處處可見朱嘯秋式的風格。可以想見他的影響之廣、之深、之久遠。

朱嘯秋原籍安徽省歙縣，即出名墨的古徽州。但他生長在福建，對日抗戰期間，便在福州從事新聞和文藝的編輯工作，業餘則從事木刻藝術的創作，與陳庭詩俱是當年閩省知名的版畫家。

朱嘯秋來台甚早，台灣省光復之初，他便乘帆船東渡。當時他服務于憲兵單位，主編軍報和軍中刊物，繼續致力於木刻創作，經常發表作品，並為一般圖書和刊物設計封面，大抵皆是圖案畫，惟從不使用機械圖具，所以活潑、飛躍、勃勃生氣，是他的畫風；他而且尤其喜歡彩雲，從成朵的中國古傳統圖案雲頭衍生出來，卻有分外的自在如意。

民國四十五年朱嘯秋繼劉枋之後接編「文壇」月刊。在當時，「文壇」確是如其名的為國內僅有的大型代表性文藝刊物，這給予朱嘯秋以極大的施展。在此之前，不唯一般雜誌，即文藝刊物，亦皆不甚重視版面的美術化，行間疏的疏、密的密；天地擠得窄窄小小；標題檢字，用字架上歔歔笨笨的花邊排個框框；早晚加點兒刊頭，也是不倫不類的點綴，多半粗糙不經，或者篇尾塞上一塊到處可見的小圖案補補白；便是標題也常是不脫報紙形式，擠塞得轉不過身，透不過氣……這些在今日是看來簡陋乏美感，但在當年卻視為理所當然，無人想要突破。朱嘯秋是他自己的繪畫素養深厚，而又極富創造力，「文壇」到了他的手上，是完全的打破現狀。版面的大塊留白，是朱嘯秋最令人炫目的風格，亦是中國藝術傳統的氣度。一般的編輯還是先有成見，因今之印刷術皆來自西洋，便在編排上雖是對付中國文章，中國文字，卻採用的全是西洋的觀念；復因于本民族藝術缺乏修養，只見其形式、不識其精神，自然是中國藝術用不到版面的處理上來，至今還仍見有以中國書法或水墨畫用為標題和刊頭，的確是多半都難以處理得好，而朱嘯秋則是把中國藝術精神，揮揮灑灑的引進了編輯算術裏面來。他這種大塊留白，便豁然的天地無際、山河浩蕩。十六開的版面在他手上竟是如來佛的靈掌，由他齊天大聖一個觔斗十萬八千里，就有那樣絕對時空的無限。西方的相對時空觀念裏，「有」是第一意義，第一價值，餘不足觀、不足信。而唯中國文化識得「無」的大而無外、小而無內。給朱嘯秋的這「無」的處理，「有」也因而裕餘無盡了，文章在他朱式的版面上也竟風景無限，自是不同。只此一點，他便當得一員編輯大匠。

而在正大闊達的標題留白上，他的刊頭設計除了運用裕如他所蒐集收藏的繪畫資料，取之不竭、用之不盡、並且新鮮、罕見，此外還有他興起的三點特色：一是源自木刻版宋體（非今之鉛字的猷硬）的變幻無窮的各種變形圖案字，此是他的拿手。二是他自創一體的圖案畫，隨筆便是傑作。三是他源自版畫的畫思，充分運用排版房各號鉛條，結構他的美術幾何，西洋的直線而生出中國古典的情致、傳統與現代的和諧，這應該純是他的創作。至于插繪，他的處理氣派很大，人家是縮製來點綴，他卻往往放大到十六開本的全頁、甚至跨頁，這樣乃使插繪不僅僅是附屬，而有被單獨欣賞的藝術價值。當然他也是以此來要求插繪的畫家們。對于補白的處理，他的風格亦與插繪一樣，總使讀者發現不到那是補白，此在于他所提供的版畫，及其後來所蒐集並創作的中國民間剪紙藝術等，多彩多姿的豐富和美化著版面，都是那麼的新鮮而耐看，于讀者真是一種額外供應的享受。

然而真正令他得心應手，充分發揮創意的，還是他自民國五十年七月自己所創辦的「詩•散文•木刻」季刊，二十開本，接近正方的橫長方版面，是他的理想之實現，自也是一份格調極高、印製•精緻，文學和藝術兼美的刊物，同時卻又是非常質樸典雅，最為難得可尊貴。此于一般的詩刊，高水準的文藝雜誌，影響尤深。只是畢竟曲高和寡、又是獨力經營，便只出版到八期，不得不宣告停刊。

那之後，朱嘯秋並曾由他人出資，主編過其受時人注目的「青年俱樂部」月刊此皆為偏重文藝的綜合性刊物。前者十六開，二百餘頁；後者篇幅亦二百餘頁，唯是十八開本，不多見，別是一種風韻。綜合性刊物版面處理之難，在于龐雜零碎、調子不易調合統一，風格很難出來。幾幅牀上體操的插圖，出現在較實用的雜誌上還算不得甚麼，但若保持一種格調情味，便就異常的棘手，一如派司照片夾在攝影展裏那麼破壞了全體。然而通過朱嘯秋的魔手，這些都無損于他整體的完美，這幾乎是不可解的一種神祕。編輯技術臻于這樣的火候，焉得不成其為名編輯人！他是堪稱得起已入化境了的。

在此，我們還不可忽視了朱嘯秋于編輯的內容的追尋和經營上，自有他獨到的才識——甚至可以說是一種德性；他的敦厚、包容、曠達這些品性上的美質，使他在文學界與藝術界皆有極廣的人緣，這是作為一個編輯人基本的，且是卓越的條件。他的約稿面廣闊，自是不消說，獲稿率高才是少見——當然，他那傑出的編輯技術，以及他所編刊物的水準與聲譽，也是一般作家、藝術家所樂意來熱烈支持的。而他的絕不輕意刪改稿件，這在多數總是情不自禁、不覺技癢，便要揮動紅筆的編輯人中，尤其少見有他那樣真心誠意的尊重作家。朱嘯秋是創出一種頗有影響的風尚，他使人感動于他的始終以作家藝術家高過他的編輯人。所有他的這些德性，和他以辛勞心血所建立的聲譽，乃使他無論過去主編那一份刊物，也不問是開創的時期，還經常性的進行作業，總都是少有像他那樣的從來稿源無虞匱乏。

二十餘年來，出版事業是又艱難、又旺盛，單是各型各類的刊物雜誌，前仆後繼、興衰頻仍，先後數十年不下萬種，只是數得出有創意、有風格、有影響、有成就，而開拓得出新的道路、新的局面，流傳給後來者跟進、學習、受益，並提攜後進，深深的惠及作家、藝術家，和讀者們的名編輯人，卻似鳳毛麟角、屈指可數。文藝報刊方面如朱嘯秋、林海音、夏濟安、孫如陵、朱橋、桑品載、高信疆、尉天聰、瘂弦、馬各等這些編輯大家，實是令作家們、藝術家們和讀者們思念和感懷不盡。中華文藝設此專輯來為這位可敬的先生留下光榮的事蹟史料，是極有意義的好事。只可惜我于朱嘯秋先生所知有限，僅得概述一二。他今掌理文壇月刊社，為他留此雪泥鴻爪，亦只可以是聊勝于無的一點紀念罷了！

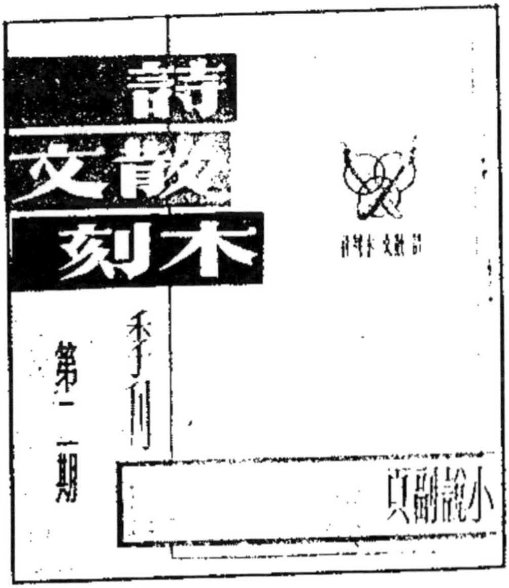

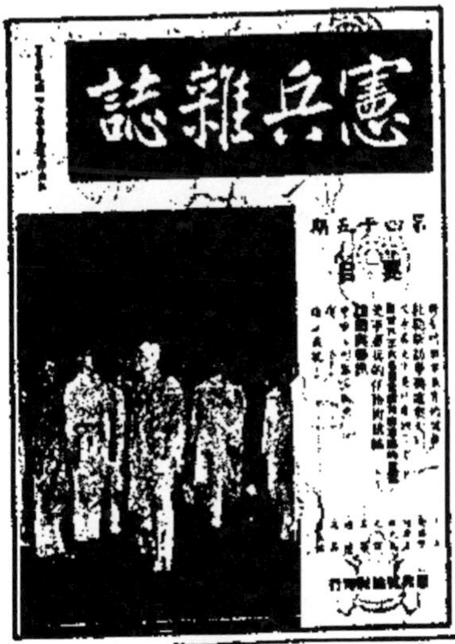

朱嘯秋所編過的雜誌

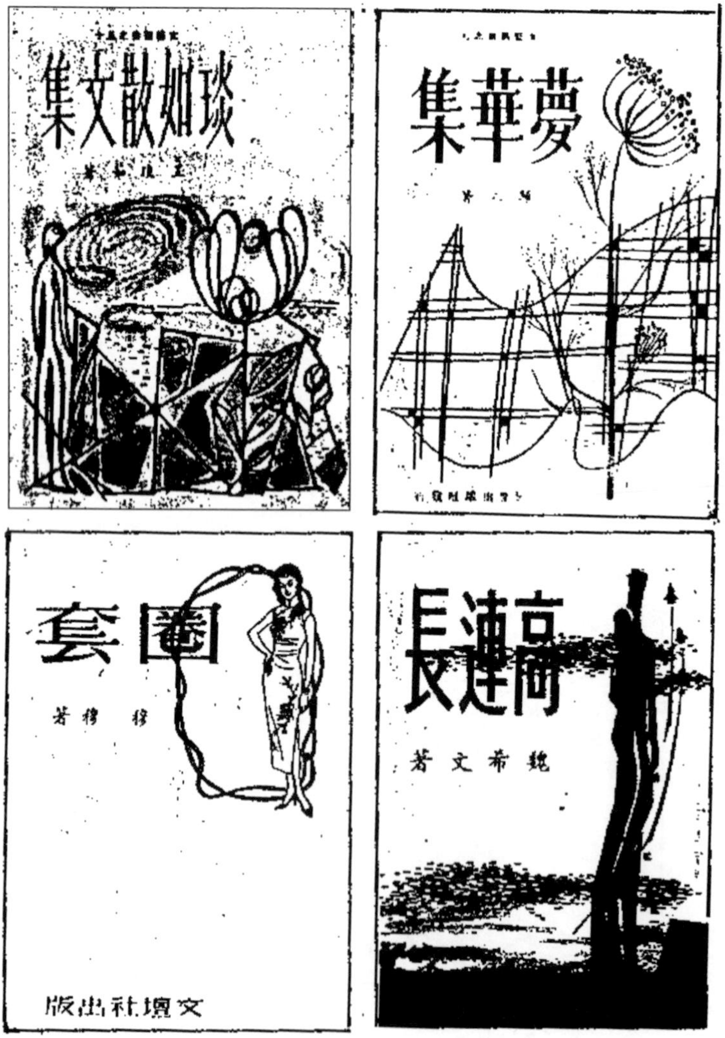

朱嘯秋所製作的封面

朱嘯秋的木刻選

街隅

江畔

渡

湖邊

躍馬中原

射擊

春

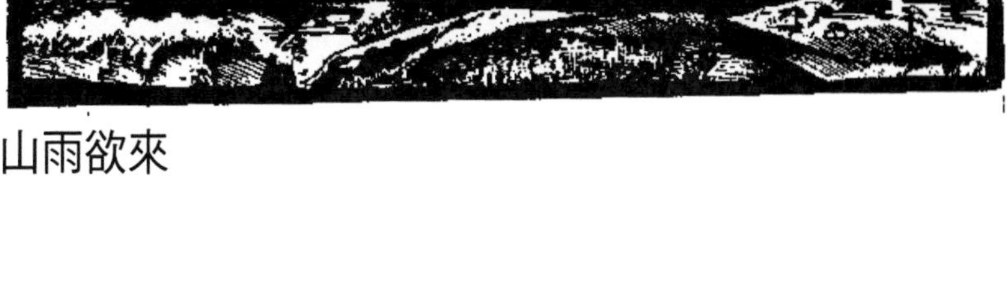

山雨欲來

虬溪之晨

無限江山

國家圖書館出版品預行編目

銹劍集 / 朱嘯秋著. -- 一版. -- 臺北市 : 秀
威資訊科技, 2005[民 94]
面 ; 公分. -- (語言文學類 ; PG0046)
ISBN 978-986-7614-99-5(平裝)

1. 論叢與雜著

078 94001689

BOD Books on Demand 語言文學類 PG0046

銹劍集

作　　者 / 朱嘯秋
發 行 人 / 宋政坤
執行編輯 / 李坤城
圖文排版 / 張家禎
封面設計 / 羅季芬
數位轉譯 / 徐真玉　沈裕閔
圖書銷售 / 林怡君
法律顧問 / 毛國樑　律師
出版印製 / 秀威資訊科技股份有限公司
台北市內湖區瑞光路 583 巷 25 號 1 樓
電話：02-2657-9211　傳真：02-2657-9106
E-mail：service@showwe.com.tw
經 銷 商 / 紅螞蟻圖書有限公司
台北市內湖區舊宗路二段 121 巷 28、32 號 4 樓
電話：02-2795-3656　傳真：02-2795-4100
http://www.e-redant.com

2005 年 4 月 BOD 一版
定價：300 元

讀　者　回　函　卡

感謝您購買本書，為提升服務品質，煩請填寫以下問卷，收到您的寶貴意見後，我們會仔細收藏記錄並回贈紀念品，謝謝！

1.您購買的書名：______________________________

2.您從何得知本書的消息？

☐網路書店　☐部落格　☐資料庫搜尋　☐書訊　☐電子報　☐書店

☐平面媒體　☐ 朋友推薦　☐網站推薦　☐其他__________

3.您對本書的評價：(請填代號　1.非常滿意 2.滿意 3.尚可 4.再改進)

封面設計____　版面編排____　內容____　文/譯筆____　價格____

4.讀完書後您覺得：

☐很有收獲　☐有收獲　☐收獲不多　☐沒收獲

5.您會推薦本書給朋友嗎？

☐會　☐不會，為什麼？______________________________

6.其他寶貴的意見：______________________________

____

____

____

讀者基本資料

姓名：____________________　年齡：______　性別：☐女　☐男

聯絡電話：________________　E-mail：____________________

地址：____

學歷：☐高中(含)以下　☐高中　☐專科學校　☐大學

☐研究所(含)以上　☐其他______________

職業：☐製造業　☐金融業　☐資訊業　☐軍警　☐傳播業　☐自由業

☐服務業　☐公務員　☐教職　☐學生　☐其他__________

請貼
郵票

To：114

台北市內湖區瑞光路 583 巷 25 號 1 樓

秀威資訊科技股份有限公司　　　收

寄件人姓名：

寄件人地址：□□□

(請沿線對摺寄回,謝謝!)

秀威與 BOD

BOD（Books On Demand）是數位出版的大趨勢，秀威資訊率先運用 POD 數位印刷設備來生產書籍，並提供作者全程數位出版服務，致使書籍產銷零庫存，知識傳承不絕版，目前已開闢以下書系：

一、BOD 學術著作—專業論述的閱讀延伸
二、BOD 個人著作—分享生命的心路歷程
三、BOD 旅遊著作—個人深度旅遊文學創作
四、BOD 大陸學者—大陸專業學者學術出版
五、POD 獨家經銷—數位產製的代發行書籍

BOD 秀威網路書店：www.showwe.com.tw
政府出版品網路書店：www.*gov*books.com.tw

永不絕版的故事・自己寫・永不休止的音符・自己唱